AI時代の「天才」の育て方

Yoshinari Ichimura
市村よしなり。

きずな出版

Prologue —

ＡＩ時代を生きる「新しい天才」を育てるには

圧倒的なスピードで技術が進化し、人間の仕事の９割がＡＩに置き換わるといわれる時代。未来を生きる子どもたちに何が必要なのか？　いまこそ、それを語らなければならないのではないか？　これが、本書を書いた理由です。

はじめまして、市村よしなり。と申します。
私は、元ひきこもりです。
大学にも行っていません。

もともと子どもが苦手な人間で、一緒に遊ぶのは30分が限界です。2歳と5歳になる子どもたちにも、つい動画ばかり見させてしまいます。まさにダメ親です。

そんな私ですが、小学生時代に自分でゲームを創り、起業した経験を活かし、ここ何年も「子ども向け起業ワークショップ」を開催しています。さらに、ＡＩ事業をおこなうＩＴ会社も20年以上運営してきました。

親であり、小学生からビジネスをし、現在はＡＩにも精通している。

そんな私ですが、子育てに日々奮闘する中、だんだんと次のような思いが強くなってきました。

・ＡＩ時代、子どもたちの未来はどうなるのか？

・これからの時代の「天才」とは？

・子どもにどんな道を歩ませるのがいいのか？

「こんな本があったらいいのに」

そう思った私自身が、一番読みたかったことを書いたのが、この本です。これからの未来を知り、子どもに最大限の可能性を与えたい親のための本なのです。

いままでの子育ての5つの常識が、通用しなくなった

時代の変化と共に、子育ての常識も変わるものです。

そもそも、これまでの子育てには、次の5つの常識がありました。

（1）親が子どもを育てなくてはいけない

（2）いい子にしつけるべき

（3）学歴が子どもの将来にとても重要だ

（4）新しい時代を生き抜く知識を、親が子どもに教えなくてはいけない
（5）親は自分の心を押し殺し、親としての責任を果たすべき

これらの常識は、いまからのＡＩ時代において、天才を育てる上では不要となります。本書を読み進めていくと、これまで常識だと思われていたことが、あなたの中でゆるんでいくはずです。

そして、読み終える頃には、これまでの常識は忘れ、次のような気付きが生まれることでしょう。

◎親だけでの子育てには、本来無理があること
◎しつけるのではなく、世間の決めた〝よい子〟という枠にもはめず、成長を見守るのが大切であること
◎子どもの幸せに、学歴はまったく関係がなかったこと
◎子どもはみんな、もともと天才であること

◎親としての責任を果たすために自分を殺し、イライラしながら生きるのではなく、親自身が本当に生きたい人生を生き、ありのままの自分を表現し、ワクワク生きることがもっとも大切であること

人は皆、大人になるにつれ「あれはダメ、これはダメ」「○○であるべき」「○○しなければいけない」と、いつのまにか制限を自らに与え、自由に動けなくなってしまいます。

そして、未来を心配し、過去を後悔し、いまを生きることを忘れてしまいます。少し前までの私もそうでした。

一方で、子どもたちはいつの時代も、好きなことに夢中になり、正直に生きています。私たち大人は、いまを最高に楽しんで生きることができている子どもたちに学ぶべきなのです。

「いまを最高に楽しんで生きるなんて、理想論ですよね？」と、あなたは思ったかもしれません。

たしかに、これまではそうでした。

しかし、時代は変わりました。ＩＴ化が進み、ＡＩが進化すると、人は本当の生き方ができるようになります。

ＡＩ時代には、ＡＩ時代なりの天才の育て方があるのです。その答えは、本書のなかでたっぷりと語っていきます。

それでは、いよいよ本編に入っていきましょう。

Chapter０は、AI時代に「天才」の定義がどう変わったかについて。
Chapter１は、子どもたちが直面する常識の驚くような変化について。
Chapter２は、これから、親として大切にしなければいけないことについて。
Chapter３は、YouTuberなどを例に、小学生でもビジネスができるようになった時代について。
Chapter４は、未来のお金の教育について。

Chapter5は、本当にやりたいことを子どもにやらせる方法について。
Last Chapterは、あなたの「親としての人生」に寄り添うメッセージを。

こんな構成で、お届けします。

さらに、各章の終わりには、いま時代の先端をいく「天才を育てている大人たち」に私がインタビューした対談も収録しています。

それでは一緒に、ＡＩ時代の天才の育て方を、学んでいきましょう。

Contents

Chapter 1
これからどうなる？子どもたちの将来の常識

Contents

Chapter 2

AI時代、親として大切にしなければならないこと

Contents

Chapter 3

小学生でも、ビジネスはできる！

Contents

Chapter 4

未来の「お金の教育」について語ろう

Chapter 5

本当にやりたいことだけをやらせる方法

Contents

ブックデザイン　池上幸一
編集協力　向井雅代

ＡＩ時代の「天才」の育て方

Chapter 0

時代と共に「天才」の定義が変わった

「過去の天才」と「これからの天才」

本書の目的は、「これからのＡＩ時代に、いかに天才を育てていくか」について提示することです。いま、これを読んでくださっているあなたも、ご自身の子どもを、**これからの時代の先端をいく人物に育てるための答え**を求めて、本書を手に取られたはずです。

本書の中で、その方法について解説していきます。

ただその前にまず、「天才」を語るためには「天才とは何か」について、考えておく必要があるでしょう。

天才を育てるには、世の中の流れを知ることが大切

「天才」とは、どのような人物のことを指すのでしょうか。

私は、「天才」の定義は時代と共に変化していると考えています。

「過去の天才」が、必ずしも「これからの天才」であるとはいえないのです。

この数年で、時代は大きく変わりました。

テクノロジーが急激に進化し、コミュニティが多様化し、世界はフラットになりつつあります。そんな時代の流れと共に、いままた「天才」の定義は、大きく変わってきています。

では、「過去の天才」と「これからの天才」は、どう違っているのでしょう。

両者の違いを知ることが、ＡＩ時代の天才を知る上での、大きなヒントとなるのです。これから目指すべき、「ＡＩ時代の天才像」を正しく掴むため、まずは「過去の天才」と「これからの天才」の違いについて見ていきましょう。

もし徳川家康やアドルフ・ヒトラーが現代にいたら、天才だっただろうか？

歴史を振り返ると、過去にも「天才」と呼ばれた人物が存在し、時代を動かしてきました。当然その功績は現代に語り継がれ、私たちの知るところとなっています。さまざまなタイプの天才がいますが、時代をさかのぼって何人か挙げ、どのような点が優れていたのか見てみましょう。

・政治力、統治力に優れた徳川家康

ヒエラルキーが重視された時代の天才として挙げられるのが、江戸時代を築いた将軍、徳川家康です。この時代の将軍は、いまでいうところの政治家であり、徳川家康は政治力が天才的に長けていた人物といえます。

特筆すべきは、「武家諸法度《ぶけしょはっと》」という、全国を統治する画期的な制度を生み出した点です（公式には徳川秀忠の命となっているが、実質的には家康が発布者だったといわれている）。この「発明」ともいえる政策を取り入れたことなどが後々にまで影響し、江戸時代は260年以上も続くこととなりました。

・マスを動かしたアドルフ・ヒトラー

悪魔的な存在として語られることの多い、ナチス・ドイツのアドルフ・ヒトラーも、誤解を恐れずにいえば、ある種の天才といえるでしょう。

彼の扇動《せんどう》したポピュリズムは、大衆の願望や不安を利用して国を動かしました。良し悪しは別にして、人々の心を掴み、マスを動かして国を支配したという点においては、彼は天才的な人物でありました。

構造そのものが変化した現代社会

このように、人の地位が明確に分かれていた「ピラミッド型」の時代においては、政治力、統治力に優れたヒエラルキーの上層に属する人が、パワーで他を圧倒できた天才でした。

では仮に、これらの人物が現代に生き、同じことをした場合、彼らを「天才」と呼ぶことはできるのでしょうか。

答えはＮＯです。

彼らは、現代においては「天才」とはいえないでしょう。

もちろん、彼らは歴史に名を残すほどの人物です。現代に生きていれば、現代のニーズに合わせた能力を発揮したかもしれませんが、現実的には、それを確かめることはできません。

あくまで人物そのものではなく、「おこなった事実」での判断になりますが、その功績は、現代社会においては天才的とはいえないというのが結論です。

その理由は、変化した社会構造にあります。

現代においては、ピラミッド型の階層社会はすでに過去のものとなっており、世界はフラットになっています。インターネットの発達により、誰もが簡単に情報を得られるようになり、あらゆる人とつながれるようにもなりました。

多様化する社会の中で、昔とは比較にならないほど、人々のニーズは細分化し、ニッチなコミュニティもどんどん生まれています。

みんなが同じことに興味を持ち、同じニーズを持っていた時代は、もう終わっているのです。

個の時代になり、価値観が180度変容した

ニーズが多様化した現代は、個の時代といわれるようになりました。

誰もが手軽に始められるブログや、Facebook、Twitter、インスタグラムなどのSNSが広まったことにより、個人個人が情報を発信し合い、すべての人が双方向につながることが当たり前になっています。

YouTubeやオンラインサロンなど、さまざまな形のメディアが爆発的に増加したことで、コンテンツもよりニッチな方向に向かい、そこに、同じ趣味嗜好を持った人たちが集まるようになっています。

情報の得方、人とのつながり方、個人の価値観が、かつてとは大きく変化したのです。

このように、双方向コミュニケーションが主流となった時代には、徳川家康やヒトラーのような、ヒエラルキー上位者型の天才は生まれないといえるでしょう。

天才の定義は、まるっきり変わってしまったのです。

AI時代の「天才」の定義は、会社にも当てはまる

「天才」といわれるのは個人だけではありません。企業でも、時代を象徴するような天才的な会社がいくつも存在します。ただ、これも個人と同様に、「過去の天才企業」と「これからの天才企業」は別物であるといえます。

過去の天才企業と、その衰退の理由

産業革命後の時代あたりから生まれた企業では、たくさんの人を労働者として

雇用し、多くの製品を生み出す力を持つ会社が「天才企業」でした。

世界でも日本でも、多くの人が働き、誰もが知っている製品を生み出す会社が羨望《せんぼう》のまなざしで見られ、時代をリードしてきたのです。

しかし、それらの企業の多くは、時代の変化に呑まれるように衰退していきました。

衰退理由のひとつとして挙げられるのは、レガシーコスト（過去のしがらみから生じる負の遺産）です。かつて世界最大だった自動車メーカーのGM（ゼネラルモーターズ）も、このレガシーコストにより衰退したといわれています。

GMの場合、具体的には退職者の老後の医療費や年金まで、すべて会社が負担すると、UAW（全米自動車労働組合）と約束してしまったことが、歯車を狂わせる大きな原因であったとされています。

現在の流れは、かつてと逆に向いており、いかに労働者を減らして、効率のい

い経営ができるかが問われるようになっています。

ＧＭと同じ自動車メーカーで、長年世界に通用する日本企業として存在しているあのトヨタも、近年ソフトバンクと提携し、労働者よりもＩＴやＡＩを積極的に取り入れる戦略をとっていることからも、わかると思います。

誰もがアイデアを実現しやすい世界になった

現代社会で「天才企業」と呼ばれるのは、かつてのように労働者をたくさん抱えた企業ではありません。**簡単にいうと、「売れる製品を生み出せる企業」です。**

労働者の数やインフラが整っていなくても、アイデアさえあれば、小さな会社でも大企業より売れる製品を生み出すことが可能です。

そこに、企業の規模や資金力は関係なくなってきました。

また、資金がなくても、クラウドファンディングで個人が数百万～数千万円というお金を調達することもできる時代になっています。

実際に、従業員が数人という小さな会社やひとり起業家から、ヒット商品が生まれるケースも増えてきています。

ここでひとつ、私自身がひと目見て、思わずクラウドファンディングに支援した製品をご紹介します。**家庭向けのＩｏＴシーリングプロジェクター「popIn Aladdin（ポップインアラジン）」です。**

この製品は、とあるひとりの男性の悩みから生まれました。

現代の家庭では、子どもも大人も、それぞれにスマートフォンやタブレットを持っていて、それを家の中でも利用することが当たり前になっています。ひとつの家にいても家族の過ごす時間はバラバラ。大人は、子どもがスマホで何を見ているのかわからず、悪影響がありそうなサイトを見ていないか、何か犯罪に巻き込まれてはいないかなど、不安に感じることも多いでしょう。

そんな親の不安を解消し、親子でコミュニケーションが取れるようにと発案されたのがこの、ポップインアラジンです。

ポップインアラジンは、シーリングライトにプロジェクター機能を持たせた製品で、映画やインターネット動画だけでなく、ニュースやアートなども、手軽に家庭の壁に映し出すことができるものです。

商品のURLを貼っておくので、ご興味ある方はぜひ見てみてください。

popIn Aladdin 公式ホームページ→https://aladdin.popin.cc/

これを考え付いたのは、3人の小さい子どもを持つ、ひとりの男性。彼はこのアイデアの製品化を目指し、クラウドファンディングで資金集めをしました。

すると、同じ悩みに共感した人たちをはじめとする多くの人々からの支援が集まり、結果的にこのクラウドファンディングのプロジェクトは、なんと約1億円の資金調達に成功したのです。

こうして、家庭用プロジェクター付きシーリングライトは、無事に製品化へと進みました。

世界初のプロジェクター付きシーリングライトとして製品化されたポップイン

アラジンは、瞬く間にヒット商品となって世界に広まりました。

この製品のおかげで、いまでは我が家の寝室でも、親子で楽しい時間を過ごすことができています。最初は、ひとりの親の小さな悩みから始まったものが、多くの人を巻き込む巨大ビジネスになったのです。

このように現代は、アイデアさえあれば、多くの労働者を抱えた企業でなくても、売れる製品を生み出すことができる時代です。

その中で「天才企業」といわれるのは、新たなアイデアで、特定の分野に革命を起こすことができるような製品を生み出せる企業といえるのではないでしょうか。

これは、これからの子どもたちにも大きな指標となります。

もし「大企業に入りたい」という考えしかないようであれば、考え直すほうがよいでしょう。

新しい時代の天才の創り方

詰め込み型の学校教育や、序列に従った仕事に象徴されるように、これまでは、組織に属しながら、いかに多くのことを覚え、過去のたくさんの情報から早く正確に答えを導き出すことができるかという力が重要視されました。

この能力が突出している人こそが、「過去の天才」であったといえます。

しかし、ＩＴが発達し、ＡＩが多くの仕事をこなす時代においては、過去の膨大な情報を記憶する必要はありません。また、わざわざ人間が考えて答えを導き出すことも、ほぼなくなります。なぜなら正解がある問題については、ＡＩに任せれば、瞬時に人間よりも正確な答えを提示してくれるからです。

つまり、これからの時代には、これまで重要視されていた記憶力と情報処理能力は、それほど必要ではなくなるのです。

記憶力ではなく、創造力＋〇〇がカギ！

では、これからの天才に必要な要素とは、どのようなものでしょうか。

結論からいうと、重要なキーワードとなるのは「創造力」です。

過去にとらわれず、まったく新しい未来を生み出せる「創造力」を持つ人間こそが、これからの時代の天才となっていくことでしょう。

創造力が重要視されるのは、これこそが人間だけが持つ力であるからです。

また、新たな未来を生み出すインスピレーションをつくるためには、既存の概念に縛られない「**はみ出し力**」や、物事を柔軟に捉えるための「**遊ぶ力**」も必要になってきます。

≫ 過去の天才とこれからの天才の違い

AI時代の天才	過去の天才
創造力	記憶力
遊ぶ力	情報処理力
はみ出し力	特定の正解を導く力
↓	↓
未知なる未来を生み出す人たち	**過去の情報をうまく活用する人たち**

この図からもわかる通り、天才になるための能力もまた、時代によって大きく変わります。

これまでの天才は、過去の情報を上手に活かし、現状をよりよく生きる力を持つ人が優れた人物、すなわち天才でした。

それに対し、これからの天才は、過去の制約にとらわれず、未知なる未来を生み出す力に優れた人であるといえるでしょう。

では、我が子をこれからの時代の天才に育てようと考えたとき、私たち親は、子どもたちにどのような教育環境を与え、どのような考えをもって接していけばいいのでしょうか。

次章から、事例などを交えながら、詳しくご紹介していきましょう。

「天才」を育てる大人たちへのインタビュー

01 小学生ベストセラー作家 中島芭旺《ばお》くんのお母さま

――「小学生ベストセラー作家」として普通の子とは違った人生を歩んでいる芭旺くんですが、お母さまが子育ての中で心掛けていることは何かありますか？

これから、「好きなことを仕事にする時代」が来るとぼんやり思っていたので、やりたいことを邪魔せず応援するだけというのは心掛けています。
たとえば芭旺くんは何でも夢中になる子どもで、小さいときはフローリングに散らばった小麦粉を一生懸命目地に埋め込んだり、ティッシュを無心で箱から出したりしていました。そういうことって普通は親が止めてしまいますが、いまこれがやりたいという意思を邪魔して、大学生になったとき突然「やりたいことは何？」と聞かれてもわからないよな、と思ったのです。

―芭旺くんが、他の子どもと違った才能を持っているとは思っていましたか？

才能だという認識はなく、そこにある事実だけを見ていました。他の人と違いがあるとすれば、私には「褒めて伸ばそう」とか「やる気にさせよう」とか、余計な感情は一切ないことでしょうか。情熱の継続の先にあるのが「才能」だと考えていること。それと最近は、子どもの自己評価をその都度確認している。それくらいです。

―これからの時代の天才とは、どんな人だと考えますか？　また、子どもを天才にするために親はどうあるべきだと思いますか？

これからの天才は、「自分であり続けられる人」だと思っています。子どもをそうするための方法は、本当は子どものほうが敏感に感じ取っているような気がします。むしろ親こそ、たとえば落合陽一さんのような時代の先駆者の話を聞いたほうがいいですね。そうすると子どもたちのために「やめたほうがいいこと」が見えてきます。たとえば自分の感覚より人の意見を気にすることとか、何でも「正解」を求めようとすることとか。これからは、人と違うことをもっと大切にしていくことが必要になってくるのではないでしょうか。子どもも、自分が納得する答えを一つひとつ選んでいかなくてはならないでしょう。

――最後に、子育てに迷う親御さんにメッセージをお願いします。

子どもに「やりたいことをやればいい」と言うのであれば、親自身も自分自身がどうしたいのかを問い続ける必要があるでしょう。子どものほうが、それを教えてくれています。

子育ては「育み合い」です。子どもに言いたいことは自分自身にも必要なこととらえ、親子共に自分の好きな人生を歩んでいけるといいなと思います。

――ありがとうございました。

Chapter 1

これからどうなる？
子どもたちの
将来の常識

これからは、会社の社長すらもＡＩ化する!?

「いまはすでに、社長もＡＩになる時代です」

そう言われて、あなたは信じるでしょうか？

「そんなことが本当にあるのか？」と疑う人も多いかもしれませんが、実際、現在すでに「完全無人企業プロジェクト」というものが存在しています。


プロジェクトの名前は「完全無人企業 No Human Project」。このプロジェクトを手掛けているのは、何を隠そう、この私です。

経営判断までも、AIに任せることも可能になる

No Human Projectでは、販売をチャットボット、倉庫配送をロボット、経理をRPA（ロボティック・プロセス・オートメーション）がそれぞれ担ってくれています。

ここまでの業務をAI化したプロジェクトは過去にもありましたが、最後、社長業務をAIにする取り組みは、これまでありませんでした。

しかし、No Human Projectでは、社長までもAI化できないかということを考え、象徴的なモデルとしてつくることに取り組んでいます。最終的には、人間にしかできなかった経営判断をAIができるような仕組みをつくっています。

現在、私はこの完全無人で経営が成り立っていくモデルをもとに、多くの人や企業に、AIを活用した経営のアドバイスをしています。

会社のすべてをAIがおこなう。そんな時代が、もうそこまで来ています。

これからの子どもの65％は、現在はない仕事に就く

米・デューク大学のキャシー・デビッドソン教授の研究によると、「２０１１年の秋に小学生となった子どもの65％は、将来、いまはない仕事に就く」とのことです（参考：『ザ・ニューヨーク・タイムズ』２０１１／８／７発行）。

ＩＴ化が進んだ世界では、世界中の人がクラウド上に知識や技術を出し合い、協力して仕事をするようになる、とデビッドソン教授は予想しています。

つまり仕事として、ひとつの会社やひとつの部署が、ひとつの仕事を完遂させ

るという働き方はゆるやかに終焉《しゅうえん》していき、会社の枠を超えたチームごとに協力して、プロジェクト単位で動くような進め方に変化していくというのです。

このことは、たとえば「ウィキペディア」を見ると、よくわかります。ウィキペディアはご存じの通り、ユーザーたちが情報をまとめることで、ネット上の辞書のような役割を果たすウェブページです。世界中の誰もが、記事の執筆や編集をおこなえるようになっているのが大きな特徴です。

これまでの時代のように、ひとつの会社がウィキペディアの中身を充実させようと思うと膨大な人手が必要となり、役割の割り振りも難しくなったでしょう。ところが、ウィキペディアは、書きたい人が好きなときに、誰でも書ける仕組みにしてあり、それこそが世界最大の情報プラットフォームとなり得た要因であるのです。

このように、仕事の進め方や組織の単位などが変化する中、実際に、これまでなかったような新しい職業が次々に誕生しています。

ここ数年だけでも、YouTuberやインスタグラマー、プロゲーマー、Uber Eatsの配達員、ドローン操縦士、VR・AR技術者、そしてカーシェアリングやAirbnbなどのタイムシェア業と、驚くほど多くの新しい職業やサービスが生まれ、市民権を獲得していっています。

このことは、現在のところキャシー・デビッドソン教授の予想通りに時代が進んでいることを表しているといえるのではないでしょうか。

この流れの中では、今後さらに、昔では考えられなかったような職業が誕生することでしょう。

時代が変わるならば、教育も変わらなければならない

ただ、ここでひとつ大きな問題があります。

それは、時代がこれだけ変わっているのにもかかわらず、学校教育の在り方が

まったく変化していないということです。

現在の学校教育制度は、１００年以上前から続くものが、ほぼそのままの形で続いています。

たとえば、習熟度を確認する学校のテストや入学試験では、いまだに暗記問題が主流となっています。

しかし、いまはネットで検索すれば誰でも簡単に答えを得られる時代です。

このような時代に、果たして知識を頭に詰め込むことが、それほど必要でしょうか？　私はそこに疑問を唱えます。

どんなにたくさんの知識を覚えていい大学に入っている人でも、ウィキペディアの情報量に勝ることはできないでしょう。そうであれば、もはや何かを暗記しておく必要性は、それほどないのではないかと考えます。

ＩＴによって社会は完全に変わりました。

この20年～30年で、本当に多くのＩＴツールやサービスが生まれました。

私は会社を創業してから約20年、ITをつくり、支え、コンサルティングする側として社会を見てきましたが、世界は、20年前とはまったく違ったものになったと感じています。

そして、刻々と変化する社会の中で重要だと思うのは、子どもに対して将来役に立たないことを教えてはならないということです。

現在の教育制度については、前述のキャシー・デビッドソン教授も警告しています。今後は、10年後や20年後に、本当に役立つ力を子どもたちに身に付けさせておくことが、教育に求められるでしょう。

デジタルネイティブ2.0世代

２００８年、ＮＨＫスペシャルにて「デジタルネイティブ」というテーマが取り上げられたことをご存じでしょうか？　この番組を機に、デジタルネイティブという言葉が、ある程度社会に浸透していきました。

デジタルネイティブとは、要するに、生まれたときからパソコンやスマートフォンなどが身近にある世代を指しています。

番組の中では、生活の中で当たり前にパソコンやスマートフォンに触れる世代である子どもたちは、いまの大人たちよりも格段にＩＴ力が上であるとされていました。

このことは、私自身の経験からも裏付けられています。

私はいまの子どもたちと境遇が似ていて、3歳の頃から、たまたま家にあったパソコンを触っていました。

当時からそういうことが好きで、マニアックな使い方をしていたので、子どもの頃は周囲から変わり者といわれていました。

しかし、その経験があるから、いまの私があるのは間違いありません。

小さい頃からコンピューターを触っていたから、それがスキルとなり、20年後、30年後のいま、こうして仕事となって多くの人に貢献することができています。

パソコンに触れるという経験は、私にとって役立つものになっていたのです。

デジタルネイティブ2.0時代では、何が変わるのか

「デジタルネイティブ」といわれ始めてから10年以上経ったいま、子どもの頃からスマートフォンやSNSが身近にある環境はさらに進み、現在は**「デジタルネイティブ2・0」**の時代に入っているといえるのではないかと考えます。

この時代を生きる子どもたちは、現代の大人たちとは、価値観がまるっきり違います。

たとえば**「所有」という概念が薄らぎ、すべてを相手と「シェア」していく、シェアリングの世代**であることが、ひとつの大きな違いでしょう。

では、そんなこれからの時代に、どんな職業が残り、また生まれてくるのかを考えてみましょう。

「YouTuber」という職業もなくなる？

現在、子どもたちの「なりたい職業ランキング」で上位になっている新しい職業「YouTuber」も、将来的にはなくなるのではないかと思います。

現状では、ほとんどのYouTubeチャンネルが低年齢層向けです。

多くのYouTuberが子ども向け、さらにマス向けの動画を配信。再生回数が勝負であり、それを勝ち得た人たちが、商品紹介などをおこなっています。再生回数を得るために、過激な動画を配信している人もいますが、こうした動画からは今後、広告収入が得られなくなっていくでしょう。

動画視聴が現在よりもさらに一般化していけば、ニーズは細分化することが考えられます。

現在の、いわゆるYouTuberが配信しているような低年齢層向けの動画ではなく、自分の専門性や好きなことに特化した、大人のチャンネルが増えていくでしょう。**より自分たちに役立つことを配信している、細分化されたニッチな分野の動画が見られるようになっていくと予想されます。**

そのため、いまのような形のYouTuberと呼ばれる職業は、なくなってしまうかもしれません。

「職業に就こう」と思ってはいけない

デジタルネイティブ2・0時代においては、**「職業に就こう」と思うこと自体が古い概念**であるともいえます。

「自分は◯◯というカテゴリーの△△という職業です」と言った瞬間に、それは自分を枠にはめてしまうことになるからです。

私自身は、いまの仕事を始めた約20年前、新しい職種をつくり出しました。ＩＴのコンサルティング業を始めたのですが、当時はまだ個人で「コンサルタント」を名乗っている人は少なく、自分でもどう名乗ったらいいかわかっていなかったのです。それで私は、「ＩＴコンサルタント」という肩書きを勝手に考え、「ＩＴ分野のコンサルタントをやっています」と言ってまわっていました。

いまや「ＩＴコンサルタント」と名乗る人はめずらしくなくなっています。「ＩＴコンサルタント」は職業になったのです。

これからの時代に「天才」を目指すのであれば、このように、自分の専門性を枠にはめるのではなく、枠がまだないところに新たなカテゴリーをつくり出すのが理想です。 そのためにはまず、「職業に就く」という発想を捨てることが大事なのです。

仕事の概念もガラリと変わる

これからは、「遊びが仕事になる時代」が来るといわれています。

なぜなら、サービスや時間のシェアリングが当たり前の世界に生きる子どもたちは、価値と価値を交換するのに、お金を介在させないケースが増えてくるからです。

専門的におこなっている**好きなことや、やりたいことを、欲しい人に直接与え、その対価をお金ではなく別の何か、たとえばポイントやシェアリングで受け取るようになる**と、それはもはや「仕事」という概念ではなくなっていくかもしれません。

たとえば未来では、

「あなたの仕事はなんですか？」

と聞くことはなくなるかもしれません。

「あなたの得意なことはなんですか？」

「私は〇〇が得意なので、〇〇のスキルをシェアできますよ」

「ではお返しに私からは、△△の知識をシェアしますね」

こんな会話が日常になるでしょう。

これからの時代の子どもたちにとって大切なこと

はじめに踏まえておくべきなのは、このように変化が激しくなる時代においては、「こうすればいい」という正解や成功法則はないということです。

その上で、これからの子どもたちにとって必要なことは、大きく分けて2つあると考えられます。

ひとつは、学び方を学ぶことです。

情報はオープンになり、日々アップデートされていきます。「これさえ知っておけば」というものが通用しなくなった中では、「知識」を手に入れるのではなく、情報を手に入れる「方法」をどれだけ知っているかが、結果の差になっていくことでしょう。

もうひとつは、自分が好きなことや得意なことで価値を追求していくことです。

ニッチな分野で構いません。自分の好きなことを、どこまでも追求していけばいいのです。

それには、チャレンジし、変化も楽しむことができるポジティブさが必要です。

そして、子どもがポジティブな思考を持てるようになるために親ができることは、子どもが自己肯定感と好奇心を育めるような接し方をすることだと考えます。

これまでの日本では、枠にはめることで、子どもたちの自己肯定感をつぶしてしまうような教育が主流だったように感じられます。

だからこそ、自己肯定感を伸ばすためには、枠にはめるという発想を外すことが必要なのです。

自己肯定感が高まれば、好奇心が伸びていきます。

好奇心とは遊ぶ力です。つまり、これからの時代を生きる子どもたちに大切なのは、遊ぶ力を身に付けることなのです。

人類が予測した未来は、ことごとく実現していく

「**あなたが望もうが望むまいが、現在の仕事のほとんどが機械に代行される**」

そう言ったのは、Google創業者のひとりラリー・ペイジです。

彼は、そんな未来が２０３４年には起きると予言しています。

ＡＩの急激な発達により、日常でおこなわれている仕事のほとんどをロボットがするようになることで、近い将来、90％の人が、いまとは違う仕事をしているだろうと、ペイジ氏は断言しています。

「そんなはずはない」「そんなのは嫌だ」という人もいるでしょう。

しかし、予言しているのは、世界を牽引するＩＴ企業のトップです。いまの世界をつくり出しているといっても過言ではない人間が断言しているのですから、私自身は、この未来は必ず来ると思っています。


実際に、私がＩＴコンサルティングの会社を創った１９９７年に、

「自動運転の車があったらいいな」

「家まで荷物を運んでくれるヘリがあったら便利だな」

「おしゃべりできるロボットがあったらすごいだろうな」

と夢見ていた未来は、現在、ほぼすべて現実のものとなっています。

当時は夢でしかなかった未来が、魔法でもイリュージョンでもなく、ＩＴによって実現されているのです。

そして、これからテクノロジーの進化は、もっと加速することが予想されます。仕事の効率は数%程度ではなく、10倍以上向上することでしょう。いまは想像もつかない未来が、すぐそこまでやってきています。

この変化の波に、私たち親世代がどこまで乗り切れるか？

ケインズ経済学で有名な経済学者、J・M・ケインズも、いまから90年前に、2030年の世界を予測していました。

「**いまから100年後の世界は、食べるために働く必要がない、とても豊かな世界になる。むしろ自由時間をどのようにして過ごそうか悩むようにすらなる**」

これもほぼ、現実のものとなりつつあると思います。食べるために働く必要がなく、時間の過ごし方を選べる時代。それは、ポジティブな未来です。

ただ、まさにそんな未来までの過渡期であるいま、大人たちにとってはいまだかつてない大きな変化が求められます。その変化に乗れるのか乗れないのかが、子どもたちの未来を左右するのです。

とくに、子どもたちをこれからの時代の天才に育てたいのであれば、ここでご紹介した話を踏まえ、考え方を大きく変える必要があるでしょう。

02
七田 厚さん
「七田式教育」しちだ・教育研究所代表

―七田式の教育では、どんなことを大切にされているのですか？　またそれは、これからの時代にも変わらないと思いますか？

大切にしているのは「記憶力」と「イメージ力」です。実際に子どものときに七田式に通われていて、現在それぞれの道を究めて活躍されている方にお聞きしても、役立った力として共通して言われるのが、この2つです。

AI時代は、調べれば何でもわかるので記憶力は必要ないといわれることがありますが、私はそれは少し違うと思っています。

確かに、記憶力自体を問われることはないかもしれませんが、記憶力は磨いたほうがいい。調べればわかるけれど、調べなくてもわかっていたほうが時間を有効に使えるからです。

そして、記憶力を鍛えるためには、小さい頃の訓練が大切になります。

3歳までに何も覚えなくていいと育った子と、いろいろなことを覚えて育った子では、脳の配線が違います。記憶しやすいように育った脳は一生ものになります。小さいうちに覚えさせるのは、子どもが好きなことや興味のあることでいいのです。覚える力を鍛えておけば、将来必要なものを覚えるときに速く覚えられ、そうすれば多くのことを知ることができます。

—イメージ力はなぜ必要なのですか?

いまは、スポーツの世界でもイメージ力を使わないとトップレベルにはいけないといわれていますが、何かをする前にどうなるかを想像するのは大切なことです。

イメージ力を養うためには、アナログも必要なのではないかと思っています。鉛筆で書くときの適切な筆圧や、人とぶつかったときの許される範囲の力の入れ具合など、そうした「程度の問題」をＡＩだけで身に付けることができるのか疑問です。

また、記憶力やイメージ力と併せて大切なのが「語彙力《ごいりょく》」だと考えます。イメージ力とはすなわち思考力ですが、複雑な思考のベースは語彙力なのです。

―子育てについては、親は子どもにどんなことをしてあげればいいですか？

子育てとは、子どもの自立を目指すものですが、自立には３つあると思っています。

１つめは、親がいなくても身のまわりのことができるようになること。

２つめは、親がいなくても善悪の判断ができるようになること。

3つめは、やりたいことが見つかったときに自分の力で成し遂げる力を付けることです。

やりたいことが見つかったときに、あきらめなくていいだけの力を付けることが、本来の自立だと考えます。

一方で、早くやりたいことを見つけさせるためには、経験をさせることが必要です。知らない世界を好きにはなれません。子どもがまだ知らない世界を見せてあげ、反応を見ながらその子の興味を伸ばしていくのが、親としての最大の応援だと思います。


—ありがとうございました。

Chapter 2

AI時代、親として大切にしなければならないこと

本質を生きる時代がやってくる

前章でお話しした通り、これから先の未来には、いまある仕事のほとんどがなくなるといわれています。それは、すぐそこまで来ている未来だと、Googleの創業者が予言しています。そんな時代には子どもたちはもちろん、親である私たちにも、どんな力が必要になるのか気になりますよね。

ただし、その前に子育ての大変さを知ろう

これからさらにIT化・AI化が進んだ未来は、「**本質だけを生きる時代がやってくる**」と、私は思っています。これまで人間がおこなっていた生きるための仕事は、すべてAIやロボットがおこなうようになるからです。

人は、ただ生きるためではなく、本質を生きるために働くようになります。

子どもたちが将来、本質を生きられるようにするためには、子どもたちが持っている特性を最大限に伸ばしてあげることが、教育として必要になってくるのです。

では、具体的に親は子どもにどうすればいいのか。

理想はいろいろとありますが、その前にひとつ大きな問題があります。

それは、現在の日本の子育てが、大変すぎるという点です。

なぜいま、日本の子育てはこんなに大変なのでしょうか。その本当の理由をまずは紐解いていきましょう。

そもそも子育ては、親だけでは限界がある

現在、乳幼児の育児をしている家庭、もしくはその経験をしたことがある方ならわかると思いますが、子育ては本当に大変です。大人だけで生活をしているだけでは発生しない仕事が、次々に出てきます。

たとえばオムツ交換。1日に数回おこなうことを考えると、年間にすれば数千回はオムツ交換だけに時間を取られることになります。

食事では食べこぼしが当たり前。遊んでいても予想外の動きでそこら中を汚してくれるので、掃除の回数も各段に増えます。

私も、我が子が生後1か月の時点で、もうそれまでの人生で経験した掃除の回数を上回ったのではないかと思うことがありました。

小さいうちは保育園に預けたり幼稚園に通わせたり、習いごとをさせたりするにも送り迎えが必要です。行き帰りで30分とすると、送りと迎えで1日1時間。これが毎日となると、1か月で相当な時間を費やすことになります。

また、身のまわりのことが自分でできるようになったとしても、子どもは大人の思うように動いてはくれません。一つひとつの行動をさせるのにも、時間がかかります。「イヤイヤ」で着替えないのは日常茶飯事。ご飯をスムーズに食べてくれないこともめずらしくなく、なかなか歯磨きもしません。

子育ては、時間、気力、体力を総動員させなければできないのです。

私たち人類は、「共同養育」が標準だった

「親」という形に正解があるのかはわかりませんが、私は自分で自分をダメ親の

代表だと感じています。偉そうなことを言える人間ではありません。子どもと30分以上遊ぶことができないし、しつけがきちんとできている自信はなし。子どもを静かにさせるために、結局、動画を見させてしまっています。そんな親としてダメな自分を正当化するわけではありませんが、私は常々、なぜ子育てはこんなに大変なのかを考えていました。

そこで辿り着いた答えは、**「子育ては親だけでは無理だ」**ということです。

きっかけは、ある日、NHKスペシャルで放送された「ママたちが非常事態!? ～最新科学で迫るニッポンの子育て～」を見たことです。

この番組を夫婦で見て、私たちは深く感動した記憶があります。**番組の中で紹介されていたのは、「人間は、700万年をかけて共同養育というもので子どもを育ててきた」という話です。**

人間に近い類人猿であるチンパンジーは、5年に1度しか出産をしません。それは、一度子どもを産むと母親が付きっきりで子育てをするため、次の子どもを見ることができないからです。だからチンパンジーは、その間は妊娠ができない身体になっているそうです。

一方で人間は、5年に1度という間隔ではなく、生理学的には毎年でも出産ができるようになっています。**そうした短い間隔で子どもが産める身体になったのは、人間が共同養育をするようになったからに他なりません。**

現代の日本社会では、子どもを共同で育てるという感覚を持ちにくくなっていますが、地球全体を見渡してみれば、共同養育をしている社会は実際に存在しています。

たとえば、アフリカのカメルーンのある部族は、原始的な生活を捨てずに暮らしていて、昔ながらの共同養育をしています。

女性は子どもをたくさん産み、出産後は他の人に赤ちゃんを預けて働きにいきます。母親が道具を持って森の中に消えていけば、子どもを預かった人は、あやしたり寝かせたり、おっぱいをあげたりもするのです。

このカメルーンの部族のような共同養育こそが、本来の人間の「子育て」といえるのです。

日本の子育ても、ひと昔前まではこうだったはずです。親戚一同や近所のおじさん、おばさんなど、地域住民のみんなが子どもを見て、共同で育てていました。

現在のように、共同養育ではなく親だけが子育てをするようになったのは、戦後以降の短い期間のことです。

理由は、核家族化が進んだことにあります。地域や世代を超えて子どもを見る環境がなくなり、日本社会は親だけが子どもを育てるという事態になりました。

つまり、私たち現代人は、脳や身体は人間本来の共同養育に適したものを持ったままなのに、環境だけが急激に変わってしまったのです。それが、現代人の子育てがしんどいものになってしまっている、大きな要因でしょう。

郵便はがき

162-0816

恐れ入ります
切手を
お貼りください

東京都新宿区白銀町１番１３号

きずな出版 編集部 行

フリガナ

お名前　男性／女性　未婚／既婚

(〒　-　)

ご住所

ご職業

年齢　10代　20代　30代　40代　50代　60代　70代〜

E-mail

※きずな出版からのお知らせをご希望の方は是非ご記入ください。

愛読者カード

ご購読ありがとうございます。今後の出版企画の参考とさせていただきますので、アンケートにご協力をお願いいたします(きずな出版サイトでも受付中です)。

[1] ご購入いただいた本のタイトル

[2] この本をどこでお知りになりましたか?
　1. 書店の店頭　2. 紹介記事(媒体名:　)
　3. 広告(新聞/雑誌/インターネット:媒体名　)
　4. 友人・知人からの勧め　5.その他(　)

[3] どちらの書店でお買い求めいただきましたか?

[4] ご購入いただいた動機をお聞かせください。
　1. 著者が好きだから　2. タイトルに惹かれたから
　3. 装丁がよかったから　4. 興味のある内容だから
　5. 友人・知人に勧められたから
　6. 広告を見て気になったから
　(新聞/雑誌/インターネット:媒体名　)

[5] 最近、読んでおもしろかった本をお聞かせください。

[6] 今後、読んでみたい本の著者やテーマがあればお聞かせください。

[7] 本書をお読みになったご意見、ご感想をお聞かせください。
(お寄せいただいたご感想は、新聞広告や紹介記事等で使わせていただく場合がございます)

ご協力ありがとうございました。

きずな出版　URL http://www.kizuna-pub.jp　E-mail 39@kizuna-pub.jp

子育てだけがIT化できていない現実

人間は、ITの力によって本来の個人の自由を手に入れたと、私は考えています。SNSグループやブログ、オンラインサロンなど、インターネット上の趣味嗜好が合うコミュニティに参加するだけで、人は生活ができるようになりました。

ITを使うことで、人間関係から自由になることが実現したのだと、私は思います。

一方、**こうした環境と真逆にあるのが子育て**です。

時代は個人に自由をもたらし、多くの人はリモートワークやノマドワークといった、時間や場所に制約がない働き方の方向へと進んでいっています。

私自身、前著『こもる力』（ＫＡＤＯＫＡＷＡ）の中で述べたように、小学生からパソコンを使い、一人の時間を大切にしていたことで、いま仕事に関しても自由に動ける環境を手に入れています。

しかし人間の子育ては、本来、共同養育の特性を持っているのです。**特性は共同、時代は個人。この不一致が、現代人の子育てをしんどいものにしている原因であると、私は考えます。**

「子育てとは、がんばるものだ」という常識が親を苦しめる

現在、小さな子どもを持つ親世代は、すでにＩＴに親しんでいる世代であり、多くの人が個人の自由を何かしらの形で手に入れています。

しかし、そのさらに親、つまりいまの子どもたちから見るとおじいちゃん、おばあちゃんにあたる人たちは、「がんばった」世代の人たちです。

この世代は、本来の人間の特性である共同養育から、核家族化によって親だけの子育てに変わっていく中で、苦しみながらも「子育てとはそういうものだ」と言い聞かせられてきたのです。無理やりでも、親だけでがんばらなければならないという風潮の中で、子育てをしてきました。

彼らの時代には、いまのような個人の自由を手に入れるツールは存在しなかったので、仕方のないことといえるでしょう。

いま、時代はＩＴ化が進んだことにより、個人の自由を手に入れて、本来の生き方ができるようになったと、私は感じています。

しかし、その中で**育児だけがその流れに追い付けておらず、現代に残された、もっとも時代遅れになっているもののひとつ**であると思います。

ロボットの登場で、未来の子育ては本来の姿へ

これからの子育てを考える上で、どんな世の中になるのかを考えてみましょう。

まず確実にいえるのは、**ＡＩやロボットが、より私たちの生活の中に入り込んでくることです。**

たとえば、昔から女の子たちに人気のバービー人形も、「Hello Barbie」という、ＡＩが搭載された人工知能おしゃべりロボットが登場しています。いまのところは英語版だけですが、今後は世界各国へ広がっていくでしょう。

また、中国では「iPal」という、コンピューターを胸に付けた幼児型ロボット

も製品化されています。このロボットは、ほとんどの質問に答えられるだけでなく、データベースに回答がない場合には、人間の専門家にそれを引き継げるようになっているところが特徴です。さらに、会話や感情を理解するために多くのセンサーを持っています。感情を理解して、悲しんでいるときには励ましたりもします。

こうしたロボットは、近い将来「ドラえもん」のような存在になっていくことでしょう。

さらに日本にも「ChiCaRo」という遠隔育児支援ロボットが誕生しています。本来の人間の育児は共同養育にもかかわらず、核家族化によりそれが崩れてきたという話を前に述べましたが、この「ChiCaRo」は、こうした社会の中でも遠隔で共同養育ができるような仕組みになっている優れものです。

もはや現代はロボットを通して、おじいちゃん、おばあちゃん、保育士など、さまざまな人たちと遠隔でもつながり、子育てをしていくことができるのです。

分身ロボットとしては「OriHime」というものも、実用化されています。

これは、まさに自分の分身となれるような機能を搭載したロボットであり、たとえば単身赴任で離れてしまっても、リアルタイムで遠隔でつながることができます。遠隔でも共同育児をしていくことができるようになっているのです。

再び共同で育児をするようになる

このようにロボットも登場していく中で、育児は本来の人間の特性、すなわち、たくさんの人たちが一緒におこなう共同養育の形に戻っていくことが必要であると考えます。

そのために伸びてくると思われるものが、遠隔コミュニティです。

ロボットの力をうまく活用しながら、何人かが遠隔で子育てをおこなっていくための場が、どんどん広まっていくでしょう。

ここにさらに、リアルな「子育てサポートセンター」などが形成されることで、子育ては共同養育の形に戻っていくことができます。

最近は、関わりたい大人たちが有志で、子どもを見てくれる場も増えてきており、地域のおじいちゃんやおばあちゃんが、子どもたちと触れ合える機会もできてきています。

常時利用や一時利用できる保育施設もいいですが、こうした有志コミュニティのいいところは、「やりたい」と思う人たちが善意でおこなっているところです。これこそが、共同養育の本来の形ではないかと思います。

天才教育をするためには、親がやりたいことをして、毎日ワクワクしていることも大切です。親が毎日ワクワク楽しむためには、親だけで子育てをし、苦しさでイライラしてしまうのがもっともダメなことだと思うのです。

いまこそ、ＩＴの力で時代遅れの育児から脱却し、子育てを本来の姿に戻さなくてはならないでしょう。

親としてやってはいけない3つのこと

ほとんどの仕事がなくなる未来を生き抜く子どもたちを育てるためには、親としてやってはいけないことがあります。

私がさまざまな方にインタビューをして聞いたこと、そして私自身が子どもを育てている中で考えてきたことから、以下の3つのポイントをご紹介します。

型にはめない、しつけない、イライラしない

① 型にはめる

「〇〇すべき」「ちゃんとしろ」「社会的にはこうあるべきである」……そんな、誰かが決めた枠にとらわれ、子どもを型にはめてしまうことがよくないということを、時代の先端をいく人たちは、口を揃えて言っています。

なかには、「宿題をさせてはいけない」という人もいるくらいです。

その理由は、いまの学校の宿題が記憶力だけを重視し、関係性や意味を無視してただ暗記させるようなものが多いから。考える力を伸ばすためでなく、ただ記憶するだけの宿題なら、させなくてもいいという考えも、ひとつの意見としてあるのです。

「ちゃんとしろ」という発言をなくしたほうがいいという声は、元文部科学省の人からも出ているくらいです。**最終的には、「〇〇すべき」をなくしていくことが大事であると思います。**

従来の学校教育は、過去の天才や過去の労働者を育てていくための教育でした。集団の中で共通の情報を持っていて、共通の知識の中から正解を導き出すことができる人が社会として必要とされていたので、そういう人を育てるための教育がなされていたのです。

いかに自分で考えないか。それが過去の日本の教育であり、残念ながら、それがまだまだ学校教育の現場には残っているといえるでしょう。

そうした従来の教育に替わる教育方法も、徐々に広まってはきています。

そのひとつが「モンテッソーリ教育」です。

モンテッソーリ教育とは、子どもの自主性や独立心、知的好奇心などを育み、社会に貢献する人物となることを目的とした教育手法です。

また、一切の偏見から自己を解放し、自由な人間を育てることを目的とされた「シュタイナー教育」も認知度を上げてきており、自立心や独立心を育むことが大事という考えを持つ人が増えてきていることが伺えます。

② 親として接する

これは表現が難しく、賛否両論あるところだとは思いますが、やはりさまざまな専門家の意見を統合した上で、提唱したいことです。

たとえば私自身は、しつけが本当に必要なのか疑問に感じています。

しつけというと、親が子どもを叱ったり怒ったりする図が浮かぶのですが、この方法では、怒るほうも怒られるほうもつらい気持ちになります。

「お互いに気分がよくないのに、怒らないといけないのはおかしい」と、私は毎回思っていました。そもそも子どもによって特性が違うので、しつけるのは難しいことだとも感じています。

この本を書くにあたり、私はさまざまな時代の先端をいく専門家にインタビューをさせていただきましたが、彼らは共通して、子どもと接するときに「しつけ」

という感覚を持っていませんでした。**しつけるのではなく、子どもがいまやっていることをおもしろがってあげたり、好きなことを伸ばしてあげたりして、見守ることが大事**であると、時代の先駆者たちは考えているのです。

しつけるのではなく、見守ることで子育てを考えたときに必要となるのは、子どもに対して〝親としてではなく、人として接する〟という意識ではないかと思います。

最近は、子どもを育てるのは「育児」ではなく「育自」といわれることもあるくらいです。大人が子どもに一方的に教えるのではなく、子どもと接することは大人の成長にもつながる「育み合い」であるという人もいます。

確かに、子どもと向き合う中で大人が学ぶことは多く、子どもは人生を教えてくれるメンターであるともいえるでしょう。

一人の人として接することで、子どもの自立心を育むこともできるでしょう。

③ イライラする

親としてやってはいけない3つのこととしてご紹介している中でも、私がもっともダメだと思っているのは、イライラすることです。

親がイライラしていると、子どもは「その原因が自分にあるのではないか」と考えるようになります。その結果、自己肯定感が下がり、セルフイメージが低くなってしまうことが懸念されます。

子どもにそのような思いをさせないために、親はイライラしないよう自分をコントロールすることが大切になります。

イライラしないためには、親自身がやりたいことをして、毎日ワクワクしていることが一番ではないでしょうか。そう考えて私は、これを基準に自分の行動を決めるようにしています。

なぜ、日本の子どもたちは自己肯定感が低いのか？

日本の子どもたちは、世界に比べて自己肯定感が低いといわれています。

事実として、２０１４年度の日本青少年研究所が、高校生を対象にした調査によれば、72％もの高校生が「自分はダメな人間だと思うことがある」と答えています。

日本の子どもたちの自己肯定感が低いのは、昔からではありません。１９３０年代におこなわれた同様の調査では、30％程度だったといわれています。

つまり、ここ数十年の間で日本の子どもたちの自己肯定感は急激に失われてい

ったということになります。

その理由は、近代工業化時代における、画一化された教育にあると考えられます。これまでの時代には、一定の水準のものをつくっていくために、得意に注目してそれを伸ばすのではなく、不得意に注目して底上げをする教育がなされてきました。個性的であることは歓迎されず、人と同じであることがよしとされてきたのです。

しかし、ＩＴ社会の中で、そのような価値観が歓迎された時代は、とっくの昔に終わりを告げています。

親たちは、そのことに早く気付かなければなりません。

現在は、多様性の社会です。実際に敏感な子どもたちは、個性が注目されないいまの教育に疑問を抱いています。

これからは、自己肯定感の高さが生きる力につながっていきます。

多様性の社会に対応していける人に育てるには、子どもたちの自己肯定感を上げるような教育にシフトすることが急務なのです。

価値観は従来と真逆になっている

昔であれば、前項の「①型にはめる」「②親として接する」は、逆に「やるべきこと」として重要視されていたものです。「型にはめるべき」「ちゃんとさせるべき」ということを、親として押し付けることがむしろ正解とされてきました。

いまはその価値観がまったく反対になっています。

かつて「やってはいけない」といわれていたことこそが、いまは「大事だ」といわれるようになっているのです。

みんなと同じことができるようにするのではなく、子どもが持つ本来の力、その子の特性を伸ばせるように見守るのが、これからの天才を育てるために大切な育児法であるといえるでしょう。

AI時代に必須の「遊ぶ力」の育て方

前章でも少し触れましたが、ほとんどの仕事がなくなる時代に大切な、たったひとつの力とは、「**遊ぶ力**」であると私は考えています。

孔子の言葉に、次のような一節があります。

「**汝の愛するものを仕事に選べ、そうすれば、生涯一日たりとも働かなくて済むであろう**」

この言葉は理想論だと、これまではとらえられてきました。

しかし私自身はいま現実に「仕事は遊びだ」と感じていて、楽しんで取り組むことができています。

街に出れば「仕事が楽しくない」「会社に行きたくない」という話をしているのをよく耳にしますが、その人たちと私の違いは、仕事が遊びになっているか否かです。

私は仕事が遊びで、遊びが仕事であり、毎日遊んで暮らしているような感覚になれています。

それができている理由は、自分が本当にやりたいことをやっているからに他なりません。生きるための仕事ではなく、本来自分が持っている特性を活かして、ワクワクすることをやっているから、仕事が遊びのようで楽しいのです。

親が子の「遊ぶ力」をつぶしてはいけない

これを実現させるために必要なのは「遊ぶ力」であるというのが、私の答えです。

子どもはみんな、もともと「遊ぶ力」を備え持っています。

家にあるおもちゃでも何でもないものを、大人では考えつかないような使い方をして、いろいろな遊びを生み出すように。

そうした、本来子どもが持っている力をいかに伸ばしていくかが、これからのＩＴ化・ＡＩ化時代においては、たったひとつの大切なことであるのです。

遊ぶ力は、無理に育てるものではありません。子どもたちはそれをもともと持っているので、大人がつぶさないよう、子どもたちが失くさないよう、見守ってあげることが、大人の重要な役割になるでしょう。

これからの未来を生きる子どもたちには、遊ぶ力を持ったまま、大人になっていってもらいたいと思っています。

03

能力開発の第一人者 医学博士・森田敏宏さん

—森田さんは、能力開発の第一人者でいらっしゃいますが、これからの子どもたちの能力を伸ばすにはどうしたらいいと思われますか？

個性を伸ばしていくことが大事です。どうしても日本の教育は協調性が重視され、まわりと比べて枠からはみ出る子は、親や先生から怒られてきました。

ただ、そうすると子どもたちは自信を失ってしまい、得意な分野まで伸びなくなるという悪循環が起こります。

逆に、優れているところを褒めて伸ばしてあげれば、弱いところもやがて伸びてくるんです。

子どもの成長は段階がまちまちなので、比べても仕方ありません。

—これからの時代には、子どもたちにどんなことを学ばせるといいのでしょう?

最低限の読み書き、算数はこれからの世の中でも必要です。その上で、これからの子どもに必要なのは「自分で考える力」だと思っています。

いまは少子化になって、親も過保護な傾向があり、塾も顧客単価を上げるために個別指導が多くなるなど、手取り足取りでやり方を教えてしまうことが多いですが、よくありません。それでは子どもが自分で考えなくなってしまいます。

最近は、そうした風潮に警鐘を鳴らして見直しているケースも出てきていますが、意識的に子どもに自分で考える習慣を持たせなければなりません。

将来何が起きるかわからない中、課題に直面したときに、自分で考える力がなければダメになってしまいます。

―学歴は、今後も大切であると思いますか？

現在のように、偏差値で学校を選ぶ風潮はなくしたほうがいいですね。大学は教育機関ですが、研究機関でもあります。もちろん、世界的に見てもトップレベルにある大学に入って学ぶことには価値があります。

ただ本来は、どういう研究をしているところか、自分のやりたいことができるところか、で大学を選ぶべきです。

偏差値というのは、あくまで試験を受けた人の中で、その人が現時点でどの位置にいるかという目安にすぎません。偏差値が低くても、能力が低いわけではないのです。

―森田さんが思う天才とは、どういう人ですか？

誤解している人がいますが、天才と万能は違います。天才とは、何でもできる人のことではありません。

何かの分野で突き抜けて成果を出している人、たとえば野球の大谷翔平選手、フィギュアスケートの羽生結弦選手のような人が天才なのであって、彼らは決して万能ではありません。

―最後に、これからのＡＩ時代、社会はどのようになっていくでしょう？

二極化していくと思います。

ＡＩなどのテクノロジーを駆使することと、人間本来の能力を活かしていくこと。

この両極端な力が必要になるでしょう。
便利なものは便利に活用しつつ、人間本来の力を活かし、自分の能力を発揮することも大切になるでしょう。それをできない人は、取り残されていくでしょうね。

――ありがとうございました。

Chapter 3

小学生でも、ビジネスはできる！

私は小学生で起業しました

少し、私の身の上話をします。

私が小学校5年生のとき、父親が営む会社が倒産。我が家は、一家で夜逃げすることになりました。

夜逃げした先は、標高1000メートルの山頂にある山小屋のような家。そこで雑草を食べたり雨水を飲んだりしながら、なんとか1日1日を生きる中で、私は「自分で稼がないと！」と、そんな思いを強く持ちました。

パソコンが友だちだった

私は当時、兄が買ってもらった初代のパソコンを、小さな頃からこっそり使っていたので、楽々使いこなせるようになっていました。

山の中で独り、友だちのいない私にはパソコンが親友だったのです。

「自分でゲームを創って遊びたい！」

そう思った私は、プログラミングにハマり込み、実際にゲームを創りました。そして、できたゲームプログラムを当時のパソコン雑誌社に送り、賞金を稼ぐことができたのです。

これが、私の起業のきっかけです。

まわりから見れば笑えないレベルの苦労話かもしれませんが、いま思えば、子どもの頃の壮絶な出来事は、結果的にプログラミングや「小学生で起業」という貴重な経験を与えてくれた、最高の宝であったと感謝しています。

AI時代に必要な力を考える「小学生起業ワークショップ」

私は現在、「小学生起業ワークショップ」という催しを、毎年無料で開催しています。私のこれまでの経験を活かしたワークショップとなっており、親子で参加してもらう形をとっています。

実際にどんなことをしているのか、内容の一部をここでご紹介しましょう。

ワークショップの中では、子どもたちに対してこのような質問をしています。

「AI時代に必要なことは、競争ではなく、〇〇として楽しむことと、自分で

☆☆する力です」

【問題】

〇〇や☆☆には、どんな言葉が入るでしょう？

考えてみてください

こんな風にして、子どもたちに考えてもらっています。

ちなみに、ここまで読んでくださっている方なら、もう察しがついていると思いますが、ここに入る答えは「**遊び**として楽しむことと、自分で**創造**する力」です。

また、こんな質問もしています。


「仕事の２つの種類って、なんでしょう？」

この答えは、ひとつは「**仕事に就くこと**」、もうひとつは「**起業すること**」と伝えています。

いまの学校教育で教えられているのは、主に就職や就業するための方法です。具体的には、周囲と合わせるための協調性や、就職して困らないための知識、短時間で情報を引き出す方法などです。

しかし、ＡＩ時代にはこうしたスキルはあまり役に立ちません。

これからの時代には、一人ひとりがレアカードになる必要があるのです。すなわち、みんなと同じではなく、自分だけのめずらしい力を身に付け、希少性を高めていかなくてはなりません。

アメリカでは「レモネード」を使って、小学生から起業を学ばせる

起業は大人でないとできないと思っている人がいるかもしれません。確かに、

日本で会社を設立できる年齢は15歳からと決まっています。
ただし、「起業」の本来の意味は、自分で考えて仕事を始めることであり、その意味においては、何歳からでも始めることが可能です。

アメリカでは、子どもたちに自分でレモネードをつくらせ、それを売ることで「起業」を学ばせるという風習が、19世紀の終わり頃から存在しています。
レモネードは、レモンと砂糖、水、氷さえあれば、子どもでも簡単につくることができます。

子どもたちはこのレモネードを売るため、どうすればより美味しくできるのか、どうすれば多く売ることができるのかを、自ら創意工夫するのです。

こうした遊びを通して、アメリカの子どもたちは「経営ごっこ」「ビジネスごっこ」を楽しみ、基礎を学ぶことができています。

世界1のYouTuberは小学生

現在「YouTuber」が、小学生のなりたい職業の上位になっている時代ですが、2019年8月現在、**世界でもっとも稼ぐYouTuberは、7歳児**であることをご存じでしょうか。

彼の名はライアンくん。基本的には、普通の小学1年生です。

ただひとつ他の子と違うのは、遊ぶときには常にカメラが回っていること、そして彼にはすでに約2000万人のフォロワーがいることです。

ライアンくんは2018年、Forbesがまとめる「世界で最も稼ぐYouTuberラ

ンキング」で1位になりました。稼いだ額は、なんと25億円です。

動画を見てみると、ライアンくんはただ楽しく遊んでいるだけです。ときどき家族が絡みながら、遊んでいる映像が流れています。

この動画は、大人が見ても別に楽しくはないのですが、子どもが見るととても楽しいようです。

実際にこうしたYouTubeにアップされている動画は、子どもたちにとても人気があります。我が家はYouTubeだけでなく、「Netflix」「Amazonプライム」「Hulu」で、子どもにアニメや映画も見させていますが、彼らはその中でもYouTubeを好んで見たがります。我が子は、ライアンくんの動画や日本で人気の「ひめちゃんおうくん」の動画が大好きです。

なぜ、プロがつくったアニメや映画ではなく、YouTubeの動画を子どもたちは好むのでしょうか。

その理由は、子どもたちが「遊び体験」を求めているからではないかと考えま

す。自分でたくさんのおもちゃを使って遊ぶ体験を、動画を通じてバーチャルでおこなえるのが、楽しいのでしょう。

ただ、親としては悩ましくもあります。

子どもがYouTubeに夢中になり、動画ばかり見てしまうのは、親としてあまり歓迎できる状況ではないでしょう。悪影響を心配する人もいるはずです。

昔もゲームばかりする子どもは心配されたものです。私もそのうちの一人でしたが、結果的にはその経験を活かしてゲームを創る人間になり、ビジネスにしていけたのです。個人的には、幼いときゲームに没頭できる環境があったことをありがたく感じています。

おそらく大人たちの心配をよそに、10年後、20年後は、いま熱心に動画を見ている子どもたち世代が、世界を引っ張っていくことでしょう。

とはいえ、子どもにやみくもに動画を見させるのは怖いという方もいると思いますので、ここでひとつ豆知識をお伝えしておきます。

「YouTube Kids」というアプリがあり、それを使うと、見せたい動画だけを選んで表示することが可能になります。不適切な動画を子どもに見させたくないという方は、こうしたツールを利用するといいでしょう。

コンテンツを「生み出す側」の体験をさせてみる

このように、ただ遊んでいるだけで世界一稼ぐ子どもになってしまったライアンくんですが、彼の存在は、遊びが仕事になる未来の姿の象徴だと思います。

今後、遊びを仕事にしていくためには、自分の好きなことや得意なことを追求できるかどうか、楽しく遊びに没頭できるかどうかが、勝負の分かれ目になることでしょう。

私自身、我が子には、動画を見て終わりにするのではなく、**生み出す側の人間になってほしい**と考えています。

そのために、動画を撮影したりアップロードさせたりして、YouTuber体験をさせてみています。

必ずしもYouTuberになってもらいたいわけではありませんが、これからの時代は、天才ライアンくんのように、どんどん楽しいことや好きなこと、没頭できることを追求していけるかが、成功への鍵となります。

動画を配信するにしても、今後社会はさらに細分化されていくことが考えられます。何か自分が好きなこと、得意なことだけの動画を配信するようなチャンネル構成に分かれていくでしょう。

そんな時代には、自分を表現できる力を持つ子どもが、天才になっていくのだと思います。

桁外れの天才キッズたち

世界には、**16歳で女の子たちのためのSNSサイトをつくり、大成功した少女**もいます。彼女の名はジュリエット・ブリンダック。

当時、ジュリエットは起業に興味がなかったといいますが、彼女が提供する情報は同世代の少女たちからの支持を集めました。

そして、彼女がつくった女の子による女の子のためのサイト「Miss O & Friends」は順調に成長を続け、年々閲覧者数を増やし、現在は毎月何百万人ものユーザーを獲得しています。「Miss O & friends」は、年間約15億円以上を稼ぎ出すコミュニティサイトへと発展を遂げています。

小学生起業ワークショップをきっかけに、10歳でベストセラー作家になった少年

私が開催している小学生起業ワークショップに参加してくれた子どもの中からも、起業して世間に影響を与える子が出てきています。

以前、ワークショップに参加してくれた中島芭旺くんは、それを機に、小学生でベストセラー作家になりました。そうです、Chapter0のコラムでも登場した、芭旺くんです。

参加当時は、「自分で何かやってみたい、自分で稼いでみたい」と漠然とした気持ちだったようです。しかし、ワークショップを受けた後、自身の考えを記した著書『見てる、知ってる、考えてる』（サンマーク出版）を発売。この本が累計17万部を突破し、彼はベストセラー作家となりました。

「天才」を育てる大人たちへのインタビュー

04

チャンネル登録者数100万人を超える大人気子どもYouTuberのママ

―子どもたちと家族で遊ぶ動画を配信し、いまやチャンネル登録者数100万人を超える、大人気子どもYouTuberのチャンネルとなっていますが、もともとYouTubeをやり始めたきっかけは何だったのですか?

娘がやりたいと言ったからですね。私自身はカメラもパソコンも苦手でしたが、やりたいと言っているならやろうと、すぐに必要な機材を買いました。

最初は、娘が好きなデザインづくりやお気に入りのファッション、息子が知育菓子で遊ぶ様子など、普通の日常をそのまま動画にしていました。

——企画はどのように決められているんですか？　動画をつくる上でのこだわりは何かありますか？

最近は、企画も子どもたちが中心に考えてくれます。息子がいま人気の動画を見て研究して、「もっとみんなに喜んでもらうためには、どうしたらいいかな」と提案してくれたり、撮影中も流れだけ私が決めたら、あとはそれぞれが盛り上がるように考えて動いてくれたりしています。

逆に、私は他の人の動画を見ないようにしています。見てしまうと、それを真似したみたいになるのが嫌なので。他の人とかぶらないよう、自分で創り出したいんです。常に初めての企画を発信し続けたいと思っています。

——YouTuberとなったことで、子どもたちが学べていることは何かあると思いま

すか？

それぞれが責任を持ってやることで、さまざまな力が付いていると思います。とくに、撮影して流して終わりではなく、子どもたち自ら再生回数をチェックしているところは、一歩先をいっていると思います。

彼らは自分たちで結果を分析し、ニーズに応えるため改善しているのです。撮影のときも、直前まで気分が乗っていなくても、カメラが回り始めるとパキッと変わります。もはやプロ意識ですね。

動画を通して、考える力や工夫する力を付けてほしいとは思っていましたが、こんなに早くできると思っていなかったので、嬉しいです。

―YouTuberとして、いまやみんなの憧れの存在のママから、新しい時代の中で子育てに悩んでいるすべての親御さんに、メッセージをお願いします。

子どもがやりたいことを訴えたら、親はダメと言わずにやらせてあげてほしいですね。

私自身は、「子育てをしている」という感覚はなく、子どもたちと一人の人間として接しています。だから、意見が違うときも否定するのではなく「ママはこういう考えだけど、どうかな?」と伝えるようにしています。

悩んだり迷ったりすることはあると思いますが、ほとんどは子どもの意見に耳を傾ければ解決します。「やりたい」という声を聞き逃さないようにしてあげてください。

—ありがとうございました。

Chapter 4

未来の「お金の教育」について語ろう

誰も教えてくれないお金の話

「お金ってなぁに？」

私は、小学生起業ワークショップの場などで、子どもたちにいつもこの質問をしています。あなたもぜひ一度考えてみてください。お金とはいったい何なのでしょうか。

お金は、物と物またはサービスを交換する代わりになるものです。その物やサービスに対するお金の量は何で決まるのかというと、それは**「喜んでもらった量」**によると思います。

では、どうすれば人に喜んでもらえるのでしょうか。

人に喜んでもらうためには、次の2つの方法があります。

ひとつは「あったらいいな」を叶えてあげること。

もうひとつは、悩みを解決してあげることです。


人を喜ばせるのは、身近なところから考えることができます。

家族を喜ばせるためにはどうしたらいいか考えるところから、子どもたちに小さなビジネス体験をさせることも可能です。

たとえば、トイレ掃除をする、肩揉みをする、買い物を代行するなど、できることで家庭内起業をさせてみるのです。

「お風呂掃除○○円」「玄関掃除○○円」など金額を決めさせ、その妥当性を検討します。

責任感を持って仕事をさせるためには、「これからキミに○○と△△を任せるから、その対価としてお小遣いを1週間に一度、いくら払うね」などとルールを決めるのもいいでしょう。

「好きなこと」「得意なこと」から、「できること」を見つける方法

好きなことや得意なことを見つけるためには、「あったらいいな」と思っていることや、「なくて困っていること」の中から、自分にできることを考えてみます。

私はワークショップの中でも、子どもたちに、自分の力でできることや、何か助けがあったらできることについて考えてもらっています。

子どもたちは、遊びの中でさまざまな案を出してくれます。

・ポケモングッズの中古販売
・10円ゲーム制作
・少年マンガ雑誌の買取販売

など。

なかには、「紙のスコップ」という商品を考えた子もいました。

これは、砂場で遊ぶためのスコップなのですが、砂場によくスコップを忘れてしまうという発想から生まれたものです。

プラスチックのスコップは、忘れて置き去りになると残ってしまいますが、紙のスコップであればいずれ溶けてなくなるのでいいのではないか、という話でした。子どもならではの柔軟なアイデアです。

現在は、個人が発信したり、個人間でやり取りできたりする時代になっているので、小学生にビジネス体験をさせることも容易になっています。

たとえば、フリマアプリで販売をさせてみるのはいかがでしょうか。

私の小学生起業ワークショップでも、フリマアプリを実際に親子で使ってみてもらいます。子どもの売りたいおもちゃやＤＶＤなどを、その場で売ってしまうのです。これは単なる「ごっこ遊び」ではないリアルな経験になるので、子どもたちにビジネスを体験させるには、とてもいい機会になります。

未来のお金はどうなるのか？

日本でも、電子マネーや電子決済サービスなどが広まりつつありますが、キャッシュレス化は世界と比べて遅れているといわれています。

たとえばスウェーデンではかなりキャッシュレス化が進んでいて、路上パフォーマンスの方へのおひねりや、教会への寄付までもが電子マネーになっています。

そんなキャッシュレス化が進んだスウェーデンでは、ここ数年でＧＤＰが24％増加し、経済が活性化しているといいます。

これは、物を買うときの心理的なハードルが下がることが要因となっていると考えられるでしょう。

お金のやり取りは、いずれ電子的な交換媒体へと移行するでしょう。

価値と価値を直接交換する時代になる

「お金」は「信用」で成り立っています。

昔は物々交換をしていましたが、それが金や銀との交換に変わり、通貨との交換になっていって、現在のような「お金」の形になっています。

これまで、お金の信用は国の信用とほぼイコールでした。

しかしネット時代となった現在、国によっては、お金の信用よりも仮想通貨の信用のほうが上回っているところもあります。

いまはまだ一部の話ですが、いずれは信用できる仮想通貨や電子通貨へ、すべての取引が変わる日が来るでしょう。

仮想通貨については、現在は投機的な用途で使う人がほとんどです。

ただし、日常利用のために使う人が増えるとき、仮想通貨の正常な流通が始まると思っています。

またSNS時代の現在は、信用の価値をフォロワーの存在で測る人も少なくありません。**「フォロワーが減るのなら、お金は要らない」**というSNSユーザーがいるくらい、とくに長期的スパンで見たときに、フォロワーは価値があると考えられています。

昔は、オンラインでつながる環境がなかったため、国や村という境界がありました。私は、「職業」というのはそうした境界があった時代にのみ存在する、無理やり枠にはめた古い概念だと思っています。

たとえば村の中では、そこに「パン屋さん」「お医者さん」「雑貨屋さん」などといった職業の人が存在しなければ、村の経済や、人々の生活が成り立ちませんでした。

しかしいまはオンラインの時代なので、そうした枠に無理やりはめてしまう職業の概念も、それほど必要ではなくなってきています。

同時に、オンライン時代になったことにより、お金の存在意義も揺らいできているといえます。

これまでの枠にはめた職業ではなく、一人ひとりのニッチな才能が価値となり、誰かの価値と交換できるようになっているのです。

すでに、「歌舞伎鑑賞専門家」や「燻製づくり専門家」「洞窟探検専門家」など、非常にニッチな職業が生まれています。

未来はもっとニッチさが増していても、おかしくないでしょう。

「親指だけのマッサージ専門家」や「アルファベットのAだけがとても表現豊かに書ける人」など、世界レベルで見れば、そのくらいニッチでもお客様がいるのではないかと思います。

お金は、なくなる!?

メルカリなどのフリマアプリが広まり、誰もが個人で物を売買できるようになりましたが、これは、じつはほぼ物々交換であるといえます。

メルカリを使ったことがある人ならわかると思いますが、何か物を売って得られたお金は、メルカリのシステムの中に蓄えられています。

自分がメルカリで何かを購入するときは、その蓄えられているお金を支払に充てることができます。そう考えると物々交換に近い形といえるのです。

Airbnbやココナラ、タイムチケットなどのシェアリングエコノミーも同様で、

プラットフォーム内で売り買いをするなら、それもほぼ物々交換であるといえるでしょう。

これらのツールは、現在は「売る側」「買う側」どちらかだけで利用している人も多いようですが、プラットフォーム内で売ったり買ったりするようになれば、より物々交換化していくでしょう。

時間をお金に変えるということ

お金に変わるものとしては、時間を通貨とする概念も存在しています。

世界には、時間を通貨にしたオンラインプラットフォームがあり、たとえば日本語を学びたいスイス人に30分のレッスンをしたら、その30分を換算したポイントで、世界中の登録者に何かをお願いすることができます。

このように、時間をお金にする概念も生まれています。

お金の常識も、すごいスピードで変化しているのです。

Column

親が知っておくべきITスキル

AIは、私たちの日常にいよいよ入り込んできました。Amazon EchoやGoogle HOMEなどが一家に一台という時代になってきたのです。

スピーカーと共に生きる時代。我が家の2歳児も、Amazon Echoに「アレクサ！」と、そしてGoogle HOMEに「ねえ、グーグル」と話しかけています。

このような子どもたちは、「**AIネイティブ**」な世代といえるでしょう。

子どもは、スマートスピーカーに話しかけることに抵抗がないので、大人よりもすぐに使いこなしています。

今日の天気を聞いてみたり、ゲームアプリを呼び出したり、日常のいろいろなことを当たり前におこなっています。

ただ、**子どもたちにＡＩを安全に使わせていくためには、ＩＴツールに対して最低限のルールが必要ではないかと思っています。**

たとえば、ゲームや動画の利用時間制限もそのひとつです。

iPhoneやiPadに搭載されているiOS12以降のバージョンでは、スクリーンタイムという機能が標準になりました。これにより、動画やゲームアプリの利用を制限できるようになっています。

Googleも最近、デジタルウェルビーイングというコンセプトを打ち出しました。これは、デジタルなデバイスやスマートフォンなどと、健全な日常生活のバランスを取ることを目的としたものです。

具体的にはこちらも、子どものスマホやアプリの利用時間を制限できるようになりました。YouTubeについても、前述した「YouTube Kids」を我が家も使用しています。これを使えば、見せたい動画やチャンネルを限定して見せたり、子ど

Column

も向きではなくて見せたくない不適切な動画を、見られなくしたりするような設定を、最初からしておくことができます。

ちなみに、動画視聴の教育効果については、米国の小児科学学会の研究で、「スクリーンメディア効果」というものがあるとされています。子どもは生後15か月ほどから、教育動画を見ることにより、さまざまなことを学べるというのです。

アメリカでは「セサミストリート」、日本では「おかあさんといっしょ」などの有名な教育番組がありますが、これらを視聴することは、保育園や幼稚園に通うのとほぼ同等の教育効果があると、さまざまな調査結果をもとに結論づけられています。

だからこそ、前に述べたようなＩＴツールへのルールを設けながら、ＡＩやＩＴと共存し、一緒に生活していくことが大事になると思います。

「天才」を育てる
大人たちへの
インタビュー

05
インターナショナルスクール代表
リナ・ボヴリースさん

―リナさんは、革新的な早期教育プログラムを提供するインターナショナルスクール「シャトースクール」を運営されていますが、これをつくろうと思ったきっかけは何だったのですか？

私自身が海外出張の多い中で、こんなプレスクールがあったらと思ったのがきっかけです。当校は生後3か月から入って、プログラムを受けていただけます。親が子どもにできる最高のプレゼントは教育です。しかし、私自身会社勤めをしているときは、充分な教育環境を整えてあげられていないことに、罪悪感を覚えていました。それを解決するためには、働くことで子どもに最高の教育を提供できる環境をつくることだと思って、この「シャトースクール」をつくりました。ちなみに「シャトースクール」の意味はパワーハウス、つまり子どもたちがインスピレーションを集め、個々の価値観と創造性を磨く空間です。

—幼児期に革新的な教育を受けることで、子どもたちはどうなっていくと思いますか？

最新の研究で、教育がもっとも影響するのは0歳から6歳とわかっています。これまでのような型にはめた教育をするのではなく、6歳までに、逆に固まったものの溶かし方を身に付ければ、自分自身で何かを開発したり、自分なりの方法を考えたりできるのではないかと思っています。

これからは、自分のやり方を身に付けていなければ、決まったことをやらないと自分が完成しないような感覚になり、自信を持てない人になってしまいます。人生は本来楽しいものなのに、教育がカテゴリーにはめて洗脳するので、どんどんつまらなくなるという社会現象が起きているのです。しかし、自分で人生をデザインしていく力があると確信できれば、怖いものはなくなります。

―子育てをする上で、やったほうがいいこと、やらないほうがいいことは、どんなことだと思いますか？

何かを押し付けて、可能性を狭めるようなことはやめたほうがいいですね。子どもたちには可能性があるので、親の価値観でそれを狭めないようにしましょう。やったほうがいいのは、６歳からは大人が子どもに教わることです。急速に時代が変化する中では、大人と子どものポジションを逆にしないと社会は変化しないし、大人がダメになります。進化した後は、ＩＴと共存する世界が広がります。ＩＴ化を恐れず、共存して可能性を広げていくことが大切です。

大人が子どもを導いてあげるのは、６歳まで。６歳以降教えなければならないのは人生観のみです。人生観だけは、ネット検索してもわからないことでしょう。

――最後に、これからの時代の天才とは、どんな人だと思うか教えてください。

これからは、どれだけ人の共感を集められるかが評価される世の中になります。自分の興味があることに対して、世界規模で同じようにワクワクしてくれる人を集められる人が、天才と呼ばれる人になるでしょう。

――ありがとうございました。

Chapter 5

本当にやりたいことだけをやらせる方法

「仕事」と「遊び」の境界はなくなる

これまでは、「仕事と遊びは分けて考えましょう」といわれてきました。

仕事と遊びを分けなければならないのは、やりたくないことを仕事にしているからといえます。**人々はこれまで仕事を「ライスワーク」、つまり食べていくためのものとしておこなっていましたが、これからは、そういう仕事はAIに任せる時代になっていきます。**

いまからの時代は、境界が不要になります。

私自身、やりたいことをやっているので、遊びと仕事の境界はありません。「遊び＝仕事」という感覚になっています。

場所の制約もなく、世界中どこにいても仕事ができます。時間の境界もないので、（それがいいことかは置いておいて）オムツ替えをしながらスマホで仕事をすることも可能です。

「好き」を仕事にする人が、うまくいく

このような働き方をする人は、どんどん増えています。

ホリエモンこと堀江貴文さんのような有名人はそうですし、「ラーメン評論家」のような、好きを仕事にしている人も仕事と趣味の境界線はないでしょう。

インスタグラマーやYouTuberといった新しい職業を名乗っている人も同様かもしれません。

よく、「休みのときは何をしたいですか？」と聞かれますが、私は「仕事をしたい」と答えることが多いです。

私は仕事を作品創り、すなわちアートのように考えています。画家の人が「時間があったら絵を描きたい」と思うのと同じように、時間があれば作品創りをしていたいのです。

アートとは「創り出すこと」であり、自分の価値を表現することです。いま活躍している起業家の多くは、アートと仕事の境目がありません。

たとえば、多方面で活躍されている落合陽一さんも、大学で教鞭を執る傍《かたわ》ら、ご自身を「メディアアーティスト」と表現されることがあります。

昔でいうとレオナルド・ダ・ヴィンチも画家であり、建築家であり、発明家でもありました。そこに境界はなかったのだと思います。

教育もビジネスも、アートと結びつく

アートとビジネスはかつて対極にありました。「ビジネス＝稼ぐもの」「アート＝稼げないもの」というイメージで、真逆のものとされてきたのです。

しかし、本当にビジネスとアートは相いれないものなのでしょうか。

私はいま、一般財団法人日本アートビジネス協会という財団を運営していますが、これは、「アートとビジネスを融合させたい」という想いでやっています。

日本のアーティストを世界へ羽ばたかせ、アートをビジネスに昇華させていく。そんな理念のもとに協会を運営しています。

アートを取り入れたSTEAM教育

いま世界の最先端をいくのは、アートを取り入れた「STEAM教育」という方法です。これは、もともと「STEM（Science, Technology, Engineering & Mathematics）」といわれていた教育法がベースになっています。

「STEM」は科学・技術・工学・数学分野を総称する語であり、2000年代に米国で始まった教育モデルです。子どものうちからロボットやITに触れて、自分で学ぶ力を養うという教育法とされています。

そこに、アートの要素が加えられたのが「STEAM教育」です。

時代はどんどんこちらにシフトしています。**STEAM教育は、STEMの科学・技術・工学・数学に加え、アートによる独創性や創造性を活かし、現実社会の問題に取り組んで解決するための力を養うことを目的とされています。**

このSTEAM教育こそが、いま世界の最先端だといわれているのです。

これからの子どもは「時給格差10万倍時代」を生き抜く必要がある

現在あるリアルな仕事で、個人の時給を考えてみましょう。

たとえば、コンビニ店員の時給は平均1000円くらいでしょうか。

IT関連でいうと、プログラマーの平均時給は5000円くらいです。

AIエンジニアになると、まだあまりいないので希少性が高く、時給2万円くらいといわれています。

高いスキルや経験を持つ特殊なコンサルタントになると、時給10万円くらいになっている人もいますが、それで考えると、いまリアルな仕事で個人の時給を換

算すると、上から下まで約１００倍の開きがあることになります。

では、リアルではなくオンライン市場で考えると、どうなっているのでしょうか。その時給を見てみましょう。

いま人気YouTuberと呼ばれる人たちの**収入を時給に換算すると、１００万円以上の人が実際にいます。**ちなみにこれは日本市場の数字であり、**世界水準ではこの10倍になる**とされています。

世界水準のほうが高い理由は、日本語より英語を話す人のほうが圧倒的に多いからです。英語圏の人口は単純に日本語を話す人の10倍はいるといわれています。

インスタグラマーとして世界で活躍している人の時給を、フォロワーが1・3億人いる21歳のモデル、カイリー・ジェンナーさんを例に見てみると、彼女が広告の投稿をするときは、たったひとつの投稿に1億円を請求する価値があるほどだといわれています。1投稿で1億円を稼ぐということです。

仮に1投稿に1時間かかっていたとしても、**コンビニ店員の時給の10万倍**を超えてしまいます。

なんでも価値に変えられる！

働き方が変化している現在は、オンラインを使えば、「1時間いくら」という時給換算ではなく、1秒間あたりいくらで働くのかを考えることもできます。

たとえば、秒単位で自分の才能を売る「Timebank」というアプリがあります。こちらのアプリは利用申請待ちが現在3万人以上いるようなので、もしかするとすぐに登録はできないかもしれませんが、事実としてそんなことができるツールがすでに出てきていることを知っておくといいでしょう。

オンラインでは、自動の仕組みをつくって、商品やサービスを提供することができます。 ITが進化し、**ほぼ無料で多くのツールが使える時代**です。私が法人をつくった1997年当時は何億円をかけても無理だったようなことが、無料でできるのです。

それらのツールを使って、ニッチな価値を提供すれば、高い時給を得ていくことも不可能ではありません。

私のクライアントには、自分と同じニッチな趣味を持つ人たちに向けたマッチングプラットフォームを使って、1人で年商2億円を稼いでいる人もいます。

オンラインサロンを活用して、時給100万円を実現している人もいます（余談ですが、いまや国内トップシェアのオンラインサロンプラットフォームとなったDMMオンラインサロンの立ち上げ当初、私はコンサルとしてご協力させていただきました）。

このように、著名人でなくても**オンラインを使えば、1人で「1対無限大」の価値を提供していくことが可能**です。

いくらでも時給を大幅にアップさせることができる時代であり、時給格差が10万倍の時代が到来しているといえるのです。

AI時代は「ナンバー1ニッチ」を目指すべき

本当にやりたいことを仕事にするなら、ニッチなジャンルでナンバー1を目指さなくてはなりません。**ナンバー1でなくてはならない理由は、ネット時代では全世界が競合になるからです。**

たとえば昔は、欲しいものがあって、それが近くでは1万円、遠くでは9000円で売っていた場合、基本的には交通費や諸々の手間と労力を考えて、近くで買うのが一般的でした。一人の人に対する商圏の範囲は、半径5キロ程度とされていました。

しかし、ネットを利用できる現在では、売っている物理的な「場所」は一切関係なくなり、どこが一番安いか、どこのサポートがいいかが、瞬時に比べられるようになっています。そうして、自分が一番使っているアカウントがあるAmazonや楽天市場などで購入するのが一般的になっているのです。

ネット時代だからこそ、誰にでもチャンスがある

市場は、一般的に次のような成長曲線で表されます。

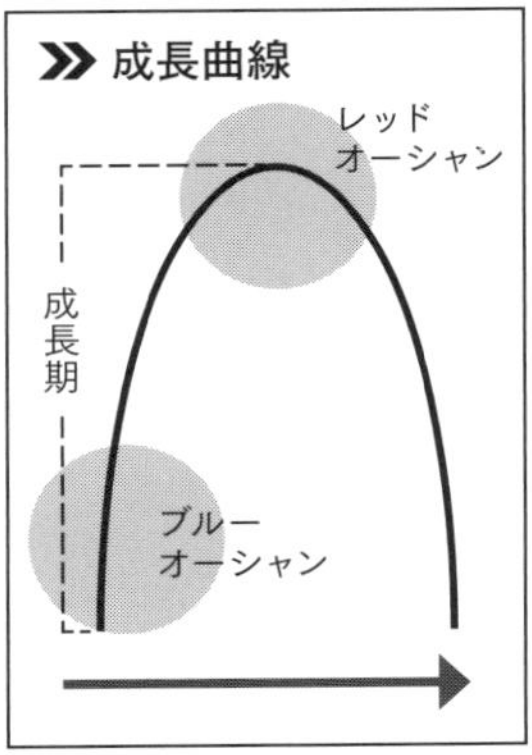

とある事柄に対して、ブームが起きる最初、人々に浸透する段階の時期を成長期と呼んでいます。成長期の初期段階の市場はブルーオーシャンといわれていて、競合が少なく、成長する勢いを借りて順調に販売数を伸ばしやすくなっています。

しかし、あるときから競合が大量に参入してくるようになり、市場はいわゆるレッドオーシャンに変化してしまいます。

ビジネスというものは基本的に、成長期におこなわないと利益を出すのは難しいといわれています。

日本市場はいま、人口が増加し、当時の成長分野であった家電や車などの競争力もずば抜けており、「世界の工場」と呼ばれていた経済的成長期をはるかに過ぎ、衰退期（成熟期）にあります。

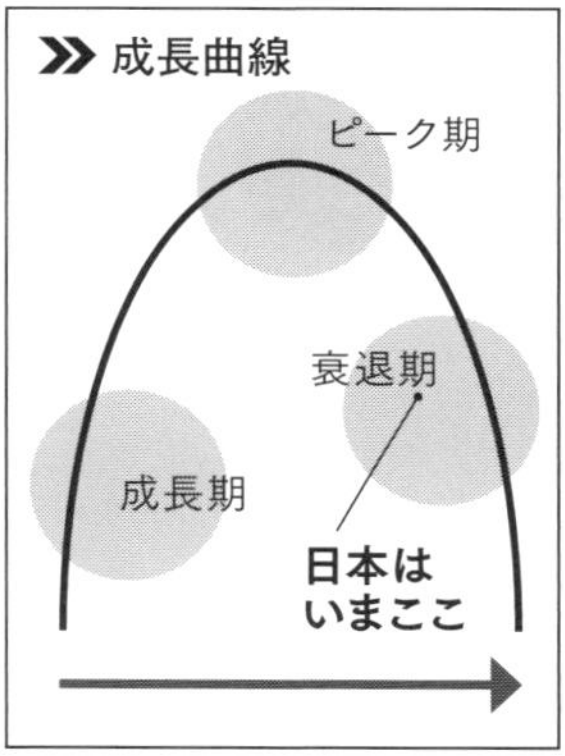

ピーク期の頂点は1985年頃と考えられており、「日本でのビジネスはもうダメなのではないか」という声も聞こえます。

しかし、こうした時代だからこそ個人にチャンスがあるのです。

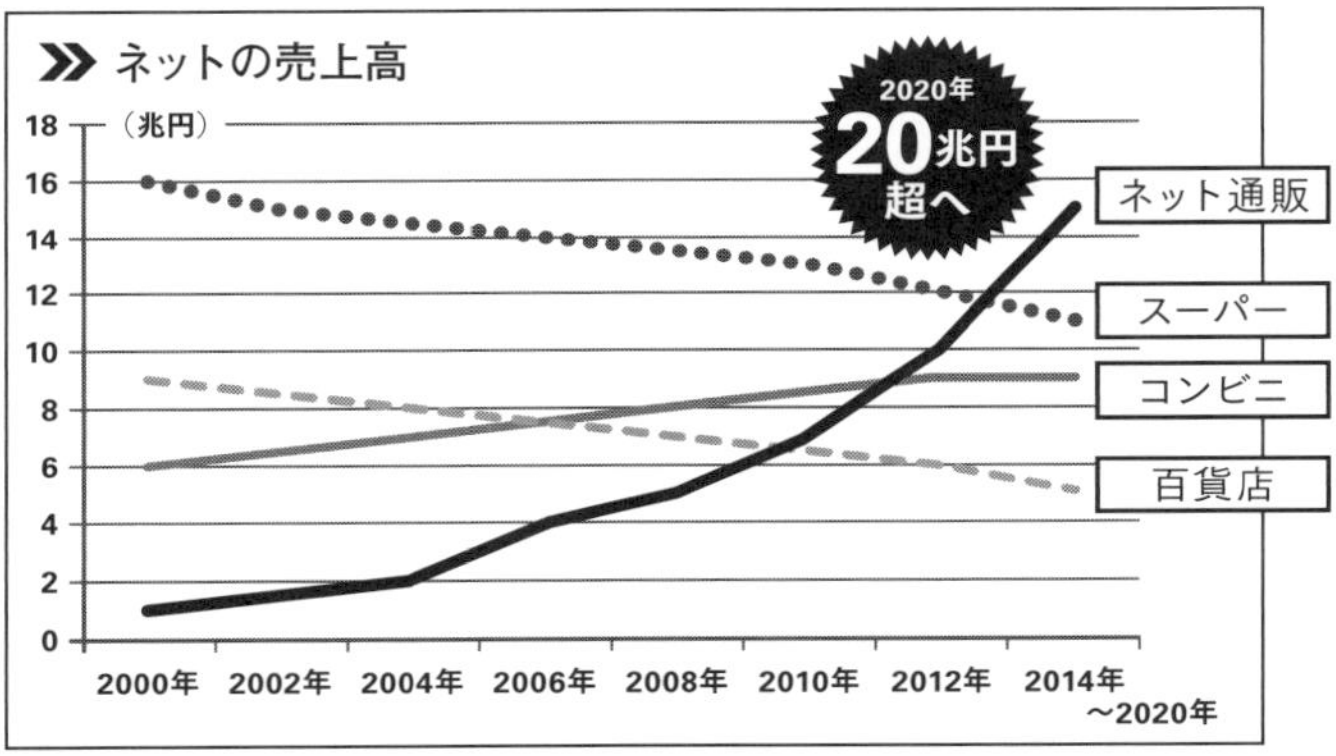

日本での流通額は、２００８年に百貨店が、２０１１年にコンビニが、２０１４年にスーパーが、それぞれネットに抜かれ、ネットのみが伸びている状態になっています。

ネットは２０２０年には20兆円に成長するとされている一方、それ以外はすべて衰退していく傾向にあるのです。

かつて実店舗が主流だった時代には、個人が大企業のような規模で稼ぐことは難しかったといえますが、現在は実店舗時代が終わりに向かい、**ネットだけが唯一成長している市場**になっています。

ネットを使えば、個人でも商圏を全国、そして世界中に広げていくことが可能です。

商圏が全世界へと広がるのであれば、非常にニッチな分野をついて、どんな人でもナンバー1をつくり出すことはできるのではないかと思います。

ネット社会という成長期にある市場の中で、新たな切り口をつくっていく。

そうすれば、ナンバー1ニッチを目指せると私は考えているのですが、じつは「ネットの世界でももう成長期は過ぎており、参入するには遅いのではないか」という相談もよく受けます。

これは、正解でもあり不正解でもあります。

ここでひとつ、弊社の事例をご紹介しましょう。

弊社では、ウサギの耳がついたスマホケースを販売していました。

当初は順調に売上を伸ばしていたのですが、あるときレッドオーシャンに突入し、競合がたくさん現れ、販売数が伸びなくなりました。

新たな切り口を創る！

しかしそんな中である日、あるスタッフがこのケースにスワロフスキーの飾りを付けて販売してみようと提案してくれたのです。

そして、その案を採用して売り始めたところ、大ヒット商品になったという例があります。

つまり、新しい切り口をつくるのは、どんなタイミングでも可能だということです。

ナンバー1ニッチをつくり出すことは、どんなタイミングからでも遅くないということを、この事例が表しているといえるでしょう。

Column

プログラミング教育の本当の価値

2020年、プログラミング教育が小学校で必修化されます。

プログラミング教育の意義は、パソコンでプログラムのやり方を覚えることではありません。プログラマーを育成するためのものでもありません。

プログラミング教育の本当の意義は、「プログラミング的思考を子どもたちに手に入れさせる」ことです。

プログラミング的思考を手に入れるためには、3つの力が必要になります。

1つは思考力（自分で考える力）、**2つ目は判断力（自分で決断する力）**、**3つ目は未来を創る力（イノベーションする力）**です。

この3つの力を身に付けることが、プログラミング的思考になることであるといえます。

私自身は、小学生のときからプログラミングを実践してきました。

しかし、それは勉強として学んだわけではありません。自分が遊びたいから、試行錯誤しながら遊びの中でゲームを創った。ここが重要なポイントです。

プログラミングは、創造力を養う一番いい方法であると思います。

なぜなら、たとえばゲーム創りにおいては、理想の世界をどんなものでも自分自身の手で創ることが可能だからです。また、遊ぶ側がどうなっていれば楽しいかを考えながらつくるため、客観性を養うこともできます。

さらに、プログラミングには手順を仕組み化する能力が必要なので、ビジネス力にもつながっていくと考えられます。

そして、プログラミングによってつくり出すのは自動化です。これはまさに、**これからのAI時代に必要な能力**であるといえるでしょう。

プログラミングは3歳からでもできます。

我が子も利用しているのですが、「ビスケット」というサイトを利用すれば、3歳からプログラミングを体験することが可能です。

自分で描いた絵を簡単に映像化して、ビジュアルを動かすことができ、さらにはつくったものをみんなと共有して楽しむこともできます。

楽しく遊びながらプログラミング思考を養えるツールというわけです。このビスケットは、教育機関でもいま徐々に広まってきています。

また、私は小学生起業ワークショップでは「スクラッチジュニア」という、5歳からプログラミングで遊べるソフトを使っています。

こちらも、ビジュアル的にキャラクターを動かす方法を、自分なりに条件をつくり、ゲームとして遊ぶことができます。

さらに私はいま、Live Your Dream株式会社の河﨑呈さんと一緒に、「ロボチューバー」プロジェクトというものを進めています。

こちらは、教育ロボットのトップ企業である日本サード・パーティ株式会社のご協力のもと、NAO（ヒューマノイドロボット）をお貸しいただいて実現したプロジェクトです。ロボットがYouTuberとなり、近未来、ロボットと人間が共存していたらどんな世界なんだろう？　と想像してもらえるような番組を配信していくという企画です。

学校現場などでも、ロボットであるNAOを使ったプログラミング的思考を教えながら、未来の教育をおこなっていきます。

このプロジェクトには、ロボットと学ぶ授業の第一人者、獨協医科大学基本医学情報教育部門教授で、情報基盤センター長を兼任されている坂田信裕教授も協力してくださっています。

このように、私は未来の天才を育てるため、YouTubeなどを使いながら、子どもたちが楽しくプログラミングを学んでいけるような環境づくりの準備を進めています。

「天才」を育てる
大人たちへの
インタビュー

06
東大生の子を持つ母親 谷 亜由未さん

―谷さんは、息子さんを東大に進学させましたよね。ただ、学力だけがすべてではないというお考えをお持ちと聞きましたが、東大は目指すべきところと思いますか？

全員が目指す必要はないと思います。なぜなら、東大が向いている子と向いていない子がいるからです。ウチの子はたまたま「勉強が得意」という個性を持っていて、東大が向いていたというか、それだけの学力があっただけです。

これからの社会ではなおさら、向いていないことをさせる必要はないと思います。

――「これからの社会ではなおさら」というのはなぜでしょう？　これからの時代には何が必要になると考えていますか？

これからは、その子の「好き」を伸ばすのが一番です。いままでは均一化が目指され、知識や情報をたくさん覚えるための教育がおこなわれてきました。とくに東大は、どちらかといえばクリエイティブさよりも、正解を生み出せることを重視している印象があります。

でもこれからは、「間違いがわかる」ことはAIがやります。正解・不正解がわからないことこそ人間がやるのです。ですから、正しいも間違いもないことを生み出す力が必要になると思います。そのためには、机上の勉強ではなく、体験から学び、新たな発見やイメージ力を育てることが大切ですね。

そこで親ができるのは、環境をつくってあげることです。どんな体験をさせ、どんな大人と触れ合わせるか。選択肢は大人が与え、候補の中から子どもに選ばせます。

大人はエゴが入ってしまいますが、子どもは本能で生きているので、感覚的に合うものを選ぶ力を持っています。

―これからの天才はどんな人だと思いますか？　天才を育てるために親が気を付けることは何かありますか？

これからの天才とは、自分の好きなことを究めていて、それが自然と人の役に立ってしまう人でしょう。たとえば「さかなクン」のように。アーティストのような人だと思います。

親が「普通の子」にしようとしたら、才能はつぶれてしまいます。これまでの親の価値観にははまらないかもしれなくても、これからはニッチなことが仕事になる時代です。ネットがあるからこそ、オタク同士のニーズがつながり合い、商売が成り立ちます。

何がその子の才能かわからないうちは、親が最大限に可能性を信じてあげましょう。

子どものセルフイメージをつくるのは親の言葉です。

日本の教育改革のキーマンである、鈴木寛元文部科学副大臣も、「日本ちゃんと教」を撲滅しないと、AI時代に人は生き残れないとおっしゃっています。いままでの教育をし続けたら、大量の失業者を生むだけだと。

そうならないためには、親から意識を変えて、子どもの「オタク力」を育ててほしいですね。

―ありがとうございました。

Last Chapter

「人生ゲーム」の創造主として生きる

人生の3つのステージ

本書の最終章は、「天才の育て方」ということから離れて、「天才を育てる親であるあなたへ」向けて、ラストメッセージを届けたいと思います。

私は子どもの頃からゲームを創っていて、不思議な気持ちを感じていました。それは、「この世界そのものも、誰かが創ったゲームなのではないか」という感覚です。そこから私は、人生をゲームに見立てて、３つのステージに分けて考えるようになったのです。

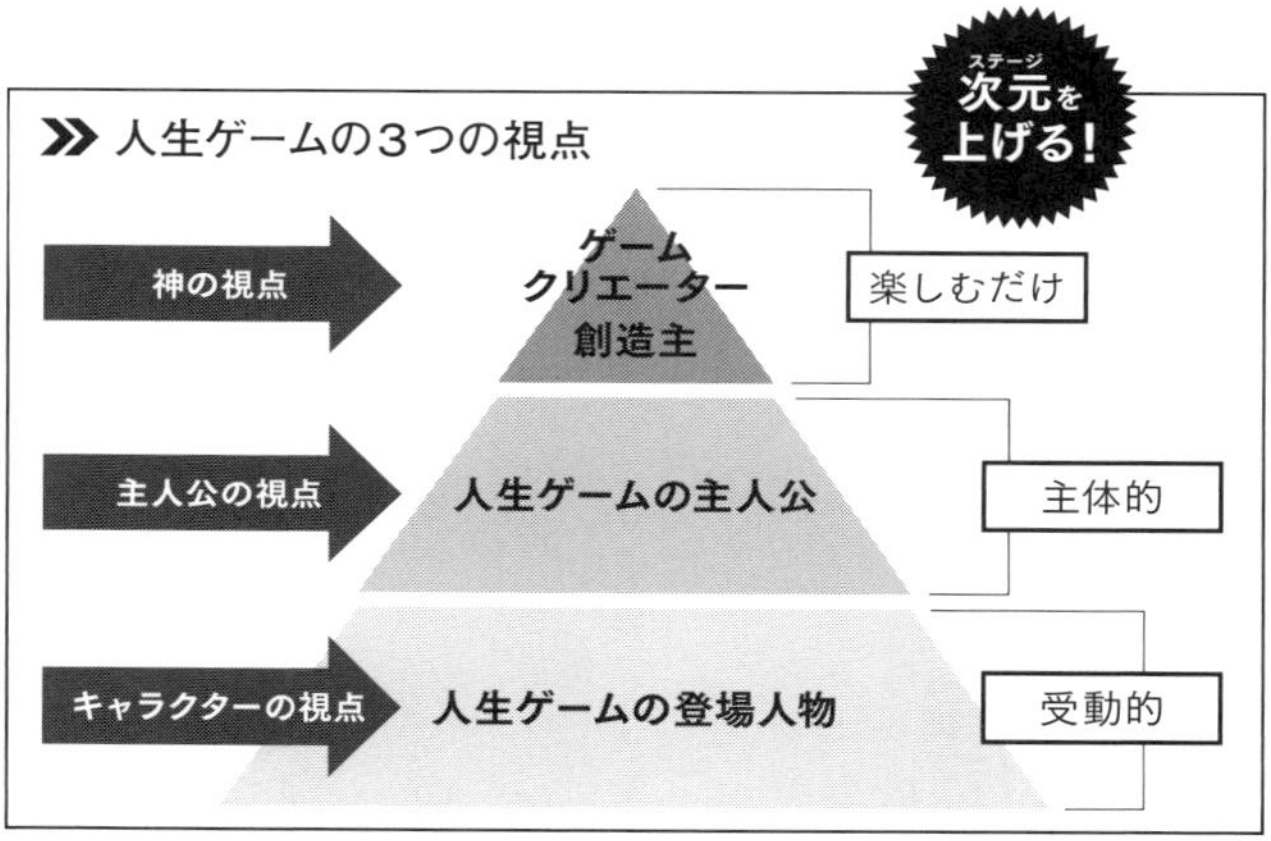

物心がついたときには、私はこの人生ゲームの単なるサブキャラであるという感覚でした。いまいる町の「町人A」のような存在です。

何を聞いても同じことしか答えることができない、いてもいなくてもいい、無力な存在であると思っていました。誰かが言ったことをやり、誰かがつくったルールに従い、組織の歯車として受動的に生きる人生を送る人でした。

しかしある日、自分は「人生ゲームの主人公として生きられるのではないか」と目覚め始めます。

「自分の人生は、自分が主人公でいいゲームなんだ」

それから私は、自分の人生を主体的に生きることができ始めました。
これを私は、「主人公の視点」と呼んでいます。

そしてもうひとつ、その先に行き着いた視点が、ゲームクリエイター（創造主）として生きるという視点です。

「この人生ゲームを設定し、この世界を創ったのは、自分かもしれない！」この視点に立てたとき初めて、私は「世界は楽しむだけでいいんだ」「このゲームは自分が選んで自分で創り、自らの意思でプレイしているんだ」という思いが湧いてきました。

人生ゲームの創造主になる

人生ゲームの創造主＝神の視点で考えるという感覚は、たとえば映画監督などに置き換えても構いません。自分で楽しむために映画を創り、自分がそのことを忘れて主人公として物語を演じる。たまには脇役として演じることもある。そうした世界だと思ってもいいでしょう。

3つの次元から俯瞰する構図を整理してみると、次のようになります。

① 登場人物（サブキャラ）：可能性が制限された存在
② 主人公：可能性が無限の存在。自ら攻略法を探すことができる
③ 創造主（クリエイター）：設定を書き換えることができる存在

第2段階の「主人公」として目覚め、主体的に生きる人は多くいると思います。

そして主体的に生き始めると、自ら行動し、どんどんと挑戦し始めます。

しかし……

「なんで私の人生、こんなに大変なことが起きるの？」

「目指す理想のゴールはなんて高く、遠いんだろう！」
「もうだめだ！　この人生は無理ゲーだ！」

自ら主体的に生きる主人公だからこそ、そんな風に感じることがあると思います。私もそうでした。

じつは、主人公の視点だけでは、この物語を生き抜くのはとても大変で、難易度が高すぎて、クリアするのが難しいゲームのように感じてしまいます。

ゲームの中の設定にとらわれて、身動きできなくなってしまうものなのです。

だからこそ、3つめの「クリエイター」視点が必要になります。

この世界は自分で創っていると思うことができれば、委ね、受け入れ、ただ感謝し楽しもうという考え方ができるようになります。

この3つの視点を理解し、生きることが、人生においてもっとも重要であると私は考えています。

ITとAIで人は目覚める

前項で、「クリエイター（創造主）＝神」であると述べました。創造主である神はあなたです。

AIはいずれ最高の叡智となり、神的な存在になっていくでしょう。AIロボットが人間社会を乗っ取る映画もありましたが、そういう怖い世界を懸念している人もいるかもしれません。

ただし、忘れてはならないのは、AIを生み出しているのは、創造主である人間（あなた）であるということです。

ＡＩが進化して初めて、人間は「まるでロボットな人生」から抜け出し、「人」になると私は思っています。

もしいま、**あなたが本当は自分がしたくないことをしているならば、あなたは「ロボット」です。**

しかし、ＡＩが進化すれば、いまあなたがしているような、やりたくない仕事や自分がやらなくてもいいことを、ロボットがやってくれるようになります。

そうすれば、人間はやりたくないタスクをこなす必要がなくなり、初めて本当に自分がしたいことをするようになれるのです。

従来のロボット的人間は、ようやく人へと進化することになるでしょう。

あなたは主人公であり、創造主である

この章の最後に、いつも私が伝えているメッセージをあなたにも伝えて、本書を締めくくろうと思います。

あなたはこの世界の、
単なるキャラクターではなく、
あなたの人生の主人公である。

誰かが創ったゲームを終えて、
想像を遥かに超えた
素晴らしいワクワクの冒険を
創ることができる、創造主である。

あなたとあなたの大切な子どもが、人生の創造主になれますように。

Epilogue ―

ありのままで、すでに天才。そんなすべての子どもたちへ

私は、子どもが大の苦手でした。

予想できない行動、理屈でなく感性で動く衝動、泣きわめく怪獣のような生き物の様相……。

私の自由は奪われ、平穏な日常は戦場のような毎日に変わりました。

親として、「○○しなくては」「○○すべきかな」と思うと、感情的に叱ってし

まったり、怒ってしまったり……。

つらくて、たまらなくなるときがありました。

子どもの将来や進路を考えると、これから訪れるＡＩ時代という「未知の世界」を前に、悩み、答えが出ない迷路に迷い込んだ気分になりました。

そんな中でこの本を書き始め、自分は子どもを「育てていた」はずが、

「あれ？　私は子どもに人生の大切なことを教えられている？」

「もしかして、子どもに育てられている？」

そう思うようになりました。

「子どもは魂的には先輩だよ」と教えてくれた人がいます。

生まれてくるのが遅いほど、魂の世界に長くいたと考えれば、そうなのかもしれません。

子どもたちはたくさんのことを、教えてくれます。

自分が大人になるまでにいつの間にか、「〇〇すべきだ」「こうあるべきだ」と、重たい鎧をたくさんまとってしまっていたことに気付かされます。好奇心旺盛なキラキラした瞳で、本当の生き方というものを思い出させてくれます。

子どもは先輩であり、教師であり、メンターだった。

そんな目線で子どもを見ると、とても可愛くて、愛おしくて、敬意も抱きながら「生まれてきてくれてありがとう」と、心から思えます。心がホワッと、あたたかくなります。

これから来るＡＩ時代。

もう、「普通」になる必要はありません。
それぞれの「普通」ではない個性を、思いっきり伸ばしていってください。
これから新しい未来を創る、ありのままで「天才」な、すべての子どもたちへ。
ありがとう。

市村よしなり。

著者プロフィール

市村よしなり。（いちむら・よしなり）

小学生で起業。2児の父。IT&AIコンサルタント。

10歳で、父の会社の倒産による、一家夜逃げを経験する。小学生時代から、ゲームプログラムにより賞金を稼ぐ。1997年に23歳で、国内ほぼ初のコンタクトレンズ通販、フィンテック事業、ITコンサルティング事業を開始。現在、日本やシンガポールで複数の法人を運営しながら、さまざまな売れるアイデアの仕組みを個人や企業へ提供し、コンサルティングによる売上アップは累計2000億円を超える。近年は、AIが社長を務める完全無人企業の運営や、小学生向けの起業ワークショップなど、多岐にわたって活躍している。

著書に『売れる! 魔法のアイデア 7パターン39の法則』（Clover出版）、『人生で大切なことはみんなRPGで教わった』（バジリコ）、『こもる力』（KADOKAWA）などがある。

公式サイト　https://ichimura.me/

AI時代の「天才」の育て方

2019年9月1日　第1刷発行

著　者　　市村よしなり。

発行人　　櫻井秀勲
発行所　　きずな出版
東京都新宿区白銀町1-13　〒162-0816
電話03-3260-0391　振替00160-2-633551
http://www.kizuna-pub.jp/

印刷・製本　　モリモト印刷

ISBN978-4-86663-080-9

きずな出版

＼＼ いますぐチェック！／／

AI時代の「天才」の育て方
- 読者特典 -

本書をお読みいただいたみなさまへ、

『動画でさらにわかる！
AI時代の「天才」の育て方 』

を**無料プレゼント**します。

ITやAIを使った、これからの仕事のヒントや、子ども起業ワークショップ動画など、役立つ内容が盛りだくさんで詰まっています！

▼こちらにアクセス▼

https://www.ichimura.me/tensai/

※動画はWEB上で公開するものであり、DVD等をお送りするものではございません。あらかじめご了承ください。